英語おさらいドリル

6年

JN132643

こちらから
単語や文章の音声を
聞くことができます。

年　　組

✏️ アルファベットの大文字をなぞりましょう。また、くり返し書いてみましょう。

| A | B | C | D | E | F |

| G | H | I | J | K | L |

| M | N | O | P | Q | R |

| S | T | U | V | W | X |

| Y | Z |

✎ アルファベットの小文字をなぞりましょう。また、くり返し書いてみましょう。

a　b　c　d　e　f

g　h　i　j　k　l

m　n　o　p　q　r

s　t　u　v　w　x

y　z

3

✏️ 国名を表す言葉をなぞりましょう。また、くり返し書いてみましょう。

□ベルギー

Belgium

□デンマーク

Denmark

□ネパール

Nepal

□キューバ

Cuba

□エクアドル

Ecuador

□タンザニア

Tanzania

聞かれたことについて、自分ならどう答えるか書いてみましょう。
空らんの言葉を埋めて、文をなぞりましょう。

1 自分の出身国を伝えるとき

I'm from

（私は〇〇出身です。）

2 自分の行きたい国をたずねるとき、答えるとき

Where do you want to go?

（あなたはどこに行きたいですか。）

I want to go to

（私は〇〇に行きたいです。）

3 「～に行きましょう。」とさそうとき

Let's go to

（〇〇に行きましょう。）

✎ 身の回りのものを表す言葉をなぞりましょう。また、くり返し書いてみましょう。

□かご

basket

□本

book

□電話

telephone

□せっけん

soap

□カメラ

camera

□ブラシ

brush

聞かれたことについて、自分ならどう答えるか書いてみましょう。
空らんの言葉を埋めて、文をなぞりましょう。

1 誕生日にほしいものをたずねるとき、答えるとき

What do you want for your birthday?

（あなたはあなたの誕生日に何がほしいですか。）

I want

for my birthday.

（私は誕生日に〇〇がほしいです。）

2 自分の宝物を伝えるとき

My treasure is my _____ .

（私の宝物は〇〇です。）

1日の行動を表す言葉

✎ 1日の行動を表す言葉をなぞりましょう。また、くり返し書いてみましょう。

□花に水をやる

water the flowers

□顔を洗う

wash my face

□朝ご飯を食べる

eat breakfast

□制服を着る

wear the school uniform

□家を出る

leave home

□夕ご飯を食べる

eat dinner

聞かれたことについて、自分ならどう答えるか書いてみましょう。
空らんの言葉を埋めて、文をなぞりましょう。

1 ある時間にすることを伝えるとき

I always

at 7:30.

（私は 7 時 30 分にいつも〇〇をします。）

I usually

at six in the evening.

（私は夕方 6 時にたいてい〇〇をします。）

I sometimes

on Saturday.

（私は土曜日に、ときどき〇〇をします。）

したこと（過去形）を表す言葉①

✎ したことを表す言葉をなぞりましょう。また、くり返し書いてみましょう。

□家にいた

stayed home

□友達と遊んだ

played with my friends

□風呂を掃除した

cleaned the bath

□音楽を聞いた

listened to music

□友達と話した

talked with my friends

□テレビを見た

watched TV

聞かれたことについて、自分ならどう答えるか書いてみましょう。
空らんの中にはこれまで学んだ言葉を入れて、
自分のしたことと、その感想を書いてみましょう。

1 週末がどうだったかをたずねるとき、答えるとき

How was your weekend?

（週末はどうでしたか。）

It was great.

（それはすばらしかったです。）

2 週末にしたことを伝えるとき

I　　　　　　　　　　　　　　　　　　　　　　.

（私は〇〇をしました。）

したこと（過去形）を表す言葉②

✏️ したことを表す言葉をなぞりましょう。また、くり返し書いてみましょう。

□高尾山に登った

climbed Mt. Takao

□カレーライスを作った

made curry and rice

□おみやげを買った

bought souvenirs

□１位になった

won first place

□富士山を見た

saw Mt. Fuji

□速く走った

ran fast

12

聞かれたことについて、自分ならどう答えるか書いてみましょう。
空らんの中にはこれまで学んだ言葉を入れて、
自分のしたことと、その感想を書いてみましょう。

1 週末にしたことを伝えるとき

I went to ＿＿＿＿＿＿＿＿＿＿＿＿＿＿＿＿＿＿ .

（私は〇〇に行きました。）

I ＿＿＿＿＿＿＿＿＿＿＿＿＿＿＿＿＿＿＿＿ there.

（私はそこで〇〇をしました。）

2 週末にしたことの感想を伝えるとき

It was ＿＿＿＿＿＿＿＿＿＿＿＿＿＿＿＿ .

（それは〇〇でした。）

場所を表す言葉

✎ 場所を表す言葉をなぞりましょう。また、くり返し書いてみましょう。

□空港

airport

□工場

factory

□スケートパーク

skate park

□キャンプ場

campsite

□森

forest

□さばく

desert

聞かれたことについて、自分ならどう答えるか書いてみましょう。
空らんの言葉を埋めて、文をなぞりましょう。

1 町の中のお気に入りの場所をたずねるとき、答えるとき

What is your favorite place

in your town?

（あなたの町のお気に入りの場所は何ですか。）

My favorite place is

.

（私のお気に入りの場所は〇〇です。）

2 自分の町にほしい施設や観光地などを伝えるとき

I want

in my town.

（私の町に〇〇がほしいです。）

✎ 地名を表す言葉をなぞりましょう。また、くり返し書いてみましょう。

□北極

the Arctic

□南極

the Antarctic

□アフリカ

Africa

□ヨーロッパ

Europe

□南アメリカ

South America

□アジア

Asia

聞かれたことについて、自分ならどう答えるか書いてみましょう。
空らんの中にはこれまで学んだ言葉を入れて、
例にならって伝えてみましょう。

1 その国がどこの地域に属しているかを伝える場合

Japan is in Asia.

（日本はアジアにあります。）

France is in Europe.

（フランスはヨーロッパにあります。）

2 その地域で出会うことのできる動物などについて伝えるとき

We can see kangaroos in Oceania.

（オセアニアではカンガルーを見ることができます。）

We can see _____

in _____ .

（○○では○○を見ることができます。）

✎ 学校行事を表す言葉をなぞりましょう。また、くり返し書いてみましょう。

□文化祭

culture festival

□ひなん訓練

evacuation drill

□運動会

sports festival

□期末試験

term test

□マラソン大会

school marathon

□学芸会

drama festival

聞かれたことについて、自分ならどう答えるか書いてみましょう。
空らんの中にはこれまで学んだ言葉を入れて、
思い出と楽しんだことを伝えてみましょう。

1 思い出の学校行事をたずねるとき、答えるとき

What is your best memory?

（あなたの一番の思い出は何ですか。）

My best memory is

（私の一番の思い出は〇〇です。）

2 学校行事について、楽しんだことを伝えるとき

We enjoyed

（私たちは〇〇を楽しみました。）

部活動を表す言葉

部活動を表す言葉をなぞりましょう。また、くり返し書いてみましょう。

□放送部

broadcasting club

□英語部

English club

□体操部

gymnastics team

□水泳部

swimming team

□陸上部

track and field team

□写真部

photography club

20

聞かれたことについて、自分ならどう答えるか書いてみましょう。
空らんの中にはこれまで学んだ言葉を入れて、
自分のできること、したいことを伝えてみましょう。

1 中学校で入りたい部活についてたずねるとき、答えるとき

What club do you want to join?

（あなたは何の部活に入りたいですか。）

I want to join the

私は〇〇部に入りたいです。）

2 その部活に入りたい理由を伝えるとき

I can

（私は〇〇ができます。）

I'm good at

（私は〇〇が得意です。）

21

✎ 職業を表す言葉をなぞりましょう。また、くり返し書いてみましょう。

□ ファッションデザイナー

fashion designer

□ 消防士

firefighter

□ イラストレーター

illustrator

□ ジャーナリスト

journalist

□ 音楽家

musician

□ 薬剤師

pharmacist

聞かれたことについて、自分ならどう答えるか書いてみましょう。
空らんの中にはこれまで学んだ言葉を入れて、
自分のなりたい職業でしたいことも伝えてみましょう。

1 将来なりたい職業についてたずねるとき、答えるとき

What do you want to be?

（あなたは何になりたいですか。）

I want to be _____.

（私は○○になりたいです。）

職業を表す言葉の前には
必ず a や an をつけましょう。

2 その職業について、したいことを伝えるとき

I want to _____.

（私は○○がしたいです。）

3 自分のまわりの大人がついている職業について伝えるとき

My father is _____.

（私の父は○○です。）

✎ 教科を表す言葉をなぞりましょう。また、くり返し書いてみましょう。

□算数

math

□理科

science

□社会

social studies

□音楽

music

□体育

P.E.

□図画工作

arts and crafts

聞かれたことについて、自分ならどう答えるか書いてみましょう。
空らんの言葉を埋めて、文をなぞりましょう。

1 好きな教科についてたずねるとき、答えるとき

What subject do you like?

（あなたは何の教科が好きですか。）

I like _____ .

（私は○○が好きです。）

I don't like _____ .

（私は○○が好きではありません。）

2 自分の勉強したい教科について伝えるとき

I want to study _____ .

（私は○○を勉強したいです。）

感想を表す言葉

感想を表す言葉をなぞりましょう。また、くり返し書いてみましょう。

□こわい

scary

□困難な

tough

□簡単な

easy

□難しい

difficult

□たいくつな

boring

□独特の

unique

聞かれたことについて、自分ならどう答えるか書いてみましょう。
空らんの中にはこれまで学んだ言葉を入れて、
自分のおすすめの国について伝えてみましょう。

1 おすすめの国と、そこでできること、その感想を伝えるとき

Let's go to

（〇〇に行きましょう。）

You can see

（〇〇を見ることができます。）

It is

（それは〇〇です。）

✏ 乗り物を表す言葉をなぞりましょう。また、くり返し書いてみましょう。

□一輪車

unicycle

□車いす

wheelchair

□パトカー

patrol car

□飛行機

airplane

□ボート

boat

□宇宙船

spaceship

聞かれたことについて、自分ならどう答えるか書いてみましょう。
空らんの中にはこれまで学んだ言葉を入れて、
自分のおすすめの場所について伝えてみましょう。

① 住んでいる地域の一番好きな場所と、そこでできること、どうやって行くことが
　できるかを伝えるとき

My favorite place is _____

（わたしのお気に入りの場所は〇〇です。）

You can _____

（〇〇をすることができます。）

You can go there by _____

（〇〇でそこに行くことができます。）

by は、「〜で」という意味があり、そのあとに
乗り物を表す言葉を入れることができるよ。

✎ 家具・衣類を表す言葉をなぞりましょう。また、くり返し書いてみましょう。

□コート

coat

□スカーフ

scarf

□スカート

skirt

□ジーンズ

jeans

□スリッパ

slippers

□ソファ

sofa

聞かれたことについて、自分ならどう答えるか書いてみましょう。
空らんの言葉を埋めて、文をなぞりましょう。

1 どこにあるかをたずねるとき、答えるとき

Where is _____?

（○○はどこにありますか。）

It's on the _____.

（○○の上にあります。）

2 ほしいものを伝えるとき

I want _____.

（私は○○がほしいです。）

教科書ぴったりトレーニング
はなまるシール

★ ふろくの「がんばり表」に使おう！
★ はじめに、キミのおとも犬を選んで、がんばり表にはろう！
★ 学習が終わったら、がんばり表に「はなまるシール」をはろう！
★ 余ったシールは自由に使ってね。

キミのおとも犬

元気いっぱい
お肉大好き！
つっこみ役
みんなの世話係
ちょっとこわがり
最年少
おっとり
読書好き
やさしくて物知り
みんなの先生

はなまるシール

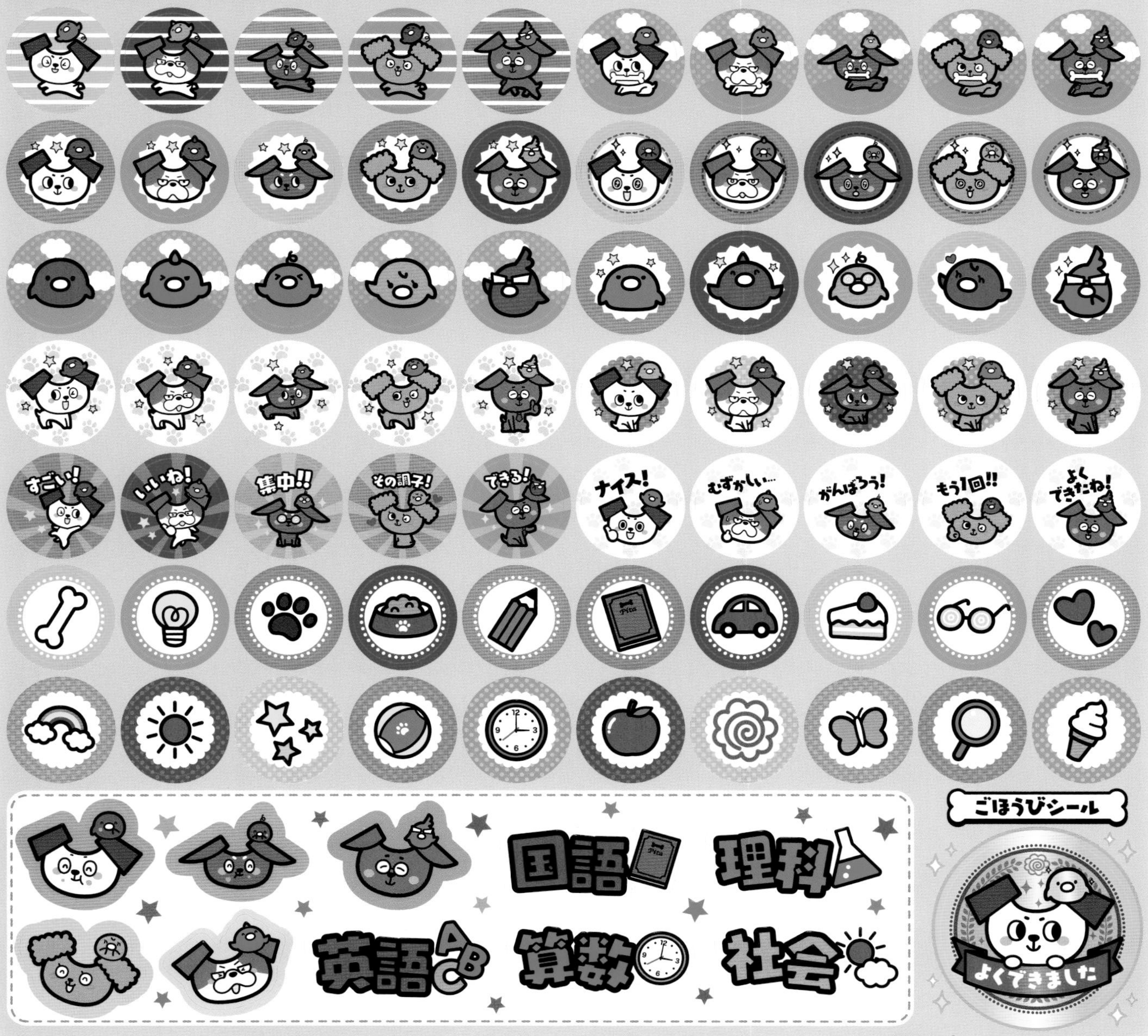

すごい！
いいね！
集中!!
その調子！
できる！
ナイス！
むずかしい…
がんばろう！
もう1回!!
よくできたね！
国語
理科
英語
算数
社会
ごほうびシール
よくできました

教科書ぴったりトレーニング

英語 6年 がんばり表

好きななまえをつけてね！

なまえ

ぴた犬（おとも犬）シールをはろう

シールの中から好きなぴた犬を選ぼう。

いつも見えるところに、この「がんばり表」をはっておこう。
この「ぴたトレ」を学習したら、シールをはろう！
どこまでがんばったかわかるよ。

おうちのかたへ

がんばり表のデジタル版「デジタルがんばり表」では、デジタル端末でも学習の進捗記録をつけることができます。1冊やり終えると、抽選でプレゼントが当たります。「ぴたサポシステム」にご登録いただき、「デジタルがんばり表」をお使いください。LINE または PC・ブラウザを利用する方法があります。

 LINE用　 PC・ブラウザ用

★ぴたサポシステムご利用ガイドはこちら★
https://www.shinko-keirin.co.jp/shinko/news/pittari-support-system

Unit 2　My Daily Schedule

22〜23ページ	20〜21ページ	18〜19ページ	16〜17ページ
ぴったり3	ぴったり12	ぴったり12	ぴったり12
できたらシールをはろう	できたらシールをはろう	できたらシールをはろう	できたらシールをはろう

Unit 1　This is me!

14〜15ページ	12〜13ページ	10〜11ページ	8〜9ページ
ぴったり3	ぴったり12	ぴったり12	ぴったり12
できたらシールをはろう	できたらシールをはろう	できたらシールをはろう	できたらシールをはろう

スタート

Unit 3　My Weekend

24〜25ページ	26〜27ページ	28〜29ページ	30〜31ページ	32〜33ページ	34〜35ページ
ぴったり12	ぴったり12	ぴったり3	ぴったり12	ぴったり12	ぴったり3
できたらシールをはろう	できたらシールをはろう	できたらシールをはろう	できたらシールをはろう	できたらシールをはろう	できたらシールをはろう

Unit 4　Let's see the world.

36〜37ページ	38〜39ページ	40〜41ページ	42〜43ページ	44〜45ページ
ぴったり12	ぴったり12	ぴったり3	ぴったり12	ぴったり12
できたらシールをはろう	できたらシールをはろう	できたらシールをはろう	できたらシールをはろう	できたらシールをはろう

Unit 6　Save the animals.

64〜65ページ	62〜63ページ	60〜61ページ	58〜59ページ	56〜57ページ
ぴったり3	ぴったり12	ぴったり3	ぴったり12	ぴったり12
できたらシールをはろう	できたらシールをはろう	できたらシールをはろう	できたらシールをはろう	できたらシールをはろう

Unit 5　Where is it from?

54〜55ページ	52〜53ページ	50〜51ページ	48〜49ページ	46〜47ページ
ぴったり3	ぴったり12	ぴったり12	ぴったり3	ぴったり12
できたらシールをはろう	できたらシールをはろう	できたらシールをはろう	できたらシールをはろう	できたらシールをはろう

Unit 7　My Best Memory

66〜67ページ	68〜69ページ	70〜71ページ	72〜73ページ
ぴったり12	ぴったり12	ぴったり12	ぴったり3
できたらシールをはろう	できたらシールをはろう	できたらシールをはろう	できたらシールをはろう

Unit 8　My Future, My Dream

74〜75ページ	76〜77ページ	78〜79ページ
ぴったり12	ぴったり12	ぴったり3
できたらシールをはろう	できたらシールをはろう	できたらシールをはろう

ゴール

最後でがんばったキミは「ごほうびシール」をはろう！

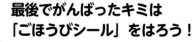

ごほうびシールをはろう

教科書ぴったり トレーニングの使い方

『ぴたトレ』は教科書にぴったり合わせて使うことができるよ。教科書も見ながら、勉強していこうね。ぴた犬たちが勉強をサポートするよ。

ふだんの学習

ぴったり1 準備

教科書のだいじなところをまとめていくよ。
◎めあて でどんなことを勉強するかわかるよ。
音声を聞きながら、自分で声に出してかくにんしよう。
QRコードから「3分でまとめ動画」が見られるよ。

※QRコードは株式会社デンソーウェーブの登録商標です。

ぴったり2 練習

「ぴったり1」で勉強したこと、おぼえているかな？
かくにんしながら、自分で書く練習をしよう。

ぴったり3 確かめのテスト

「ぴったり1」「ぴったり2」が終わったら取り組んでみよう。
学校のテストの前にやってもいいね。
わからない問題は、ふりかえり を見て前にもどってかくにんしよう。

実力チェック

- 夏のチャレンジテスト
- 冬のチャレンジテスト
- 春のチャレンジテスト
- 6年 英語のまとめ 学力診断テスト

夏休み、冬休み、春休み前に使いましょう。
学期の終わりや学年の終わりのテストの前にやってもいいね。

ふだんの学習が終わったら、「がんばり表」にシールをはろう。

別冊

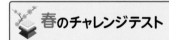
丸つけラクラク解答

問題と同じ紙面に赤字で「答え」が書いてあるよ。
取り組んだ問題の答え合わせをしてみよう。まちがえた問題やわからなかった問題は、右の「てびき」を読んだり、教科書を読み返したりして、もう一度見直そう。

ここでは、1日の生活ですること、過去にしたこと、感想について話すときに使える英語を紹介しています。英語を見ながら、自分ならどう答えるか考えてみましょう。

ここから音声が聞けるよ！

What did you do yesterday?
あなたは昨日何をしましたか。

I enjoyed camping.
わたしはキャンプを楽しみました。

I sometimes watch TV.
わたしはときどきテレビを見ます。

I always wash the dishes.
わたしがいつも皿を洗います。

How was your summer vacation?
あなたの夏休みはどうでしたか。

I usually take out the garbage.
わたしがたいていごみを出します。

I made dinner.
わたしは晩ご飯を作りました。

I went to Osaka.
わたしは大阪へ行きました。

しおり

It was great.
すばらしかったです。

動作を表す英語
- get up（起きる）
- go to school（学校に行く）
- go to bed（ねる）
- take a bath（ふろに入る）
- do my homework（宿題をする）
- watch TV（テレビを見る）
- brush my teeth（歯をみがく）
- go home（家に帰る）
- take out the garbage（ごみを出す）
- wash the dishes（皿を洗う）

過去の動作を表す英語
- went（行った）
- saw（見た）
- enjoyed（楽しんだ）
- ate（食べた）
- made（作った）

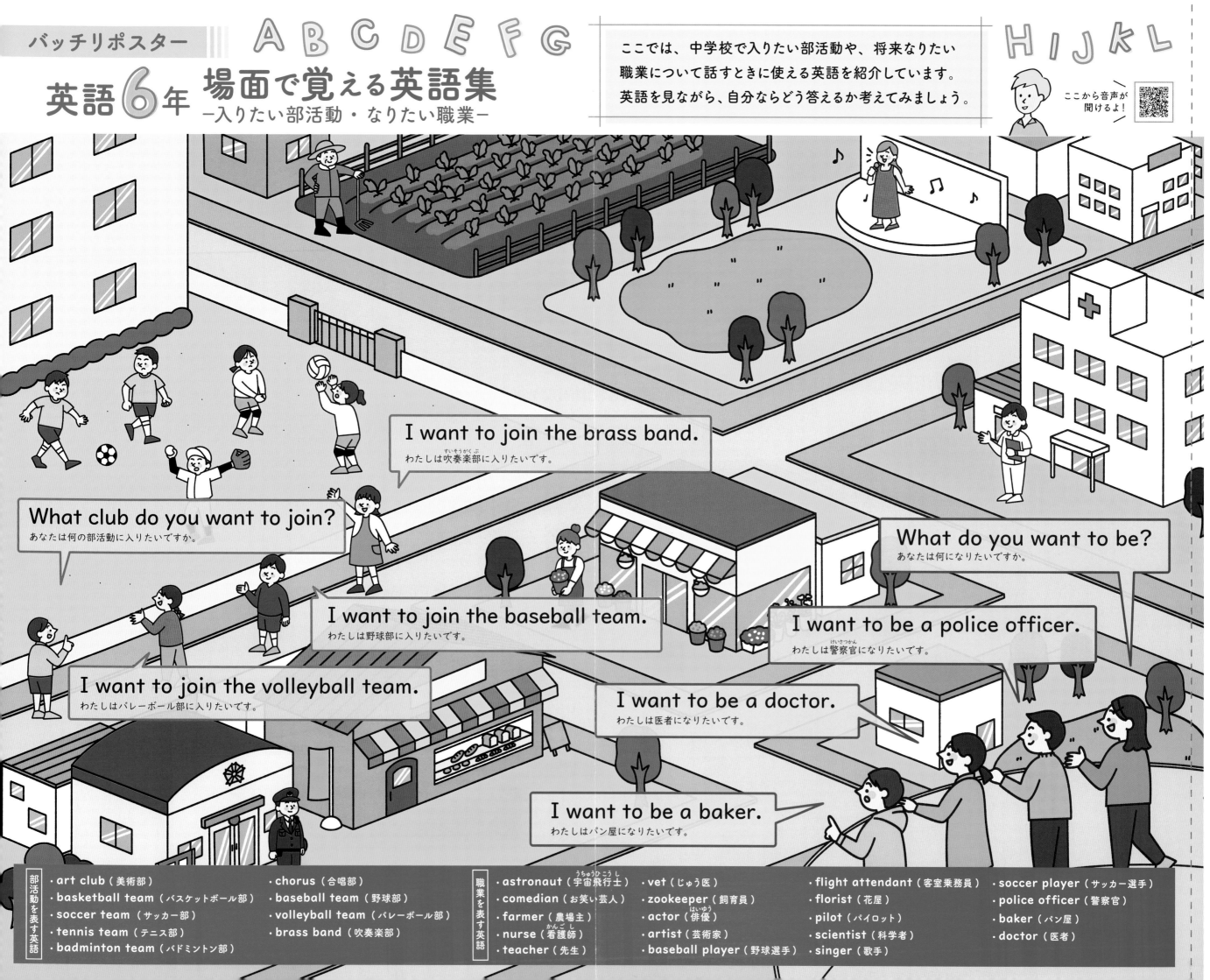

音声クイズつき！

イラストでおぼえる **英語カード** **6年**

右のQRコードから、音声を聞くことができます。

1 job

☐ actor

2 job

☐ artist

3 job

☐ astronaut

4 job

☐ baker

5 job

☐ baseball player

6 job

☐ comedian

7 job

☐ doctor

8 job

☐ farmer

9 job

☐ flight attendant

10 job

☐ florist

11 job

☐ nurse

12 job

☐ pilot

13 job

☐ police officer

14 job

☐ scientist

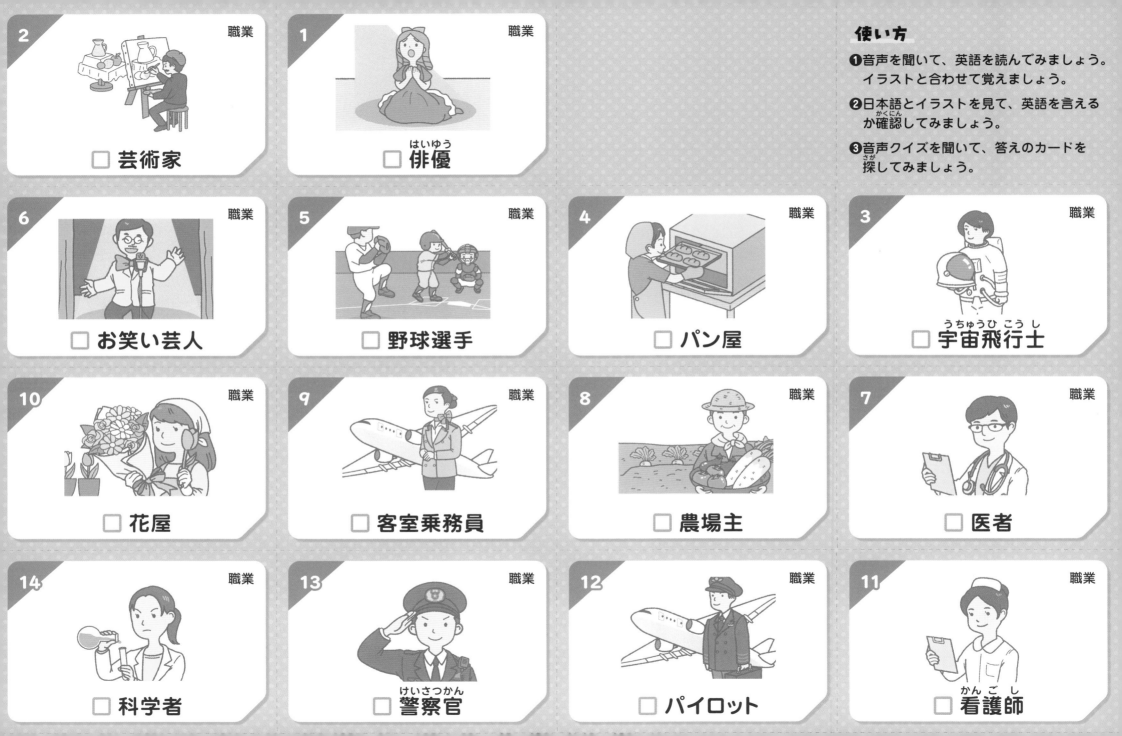

2 職業
□ 芸術家

1 職業
□ 俳優（はいゆう）

使い方

❶音声を聞いて、英語を読んでみましょう。イラストと合わせて覚えましょう。

❷日本語とイラストを見て、英語を言えるか確認（かくにん）してみましょう。

❸音声クイズを聞いて、答えのカードを探（さが）してみましょう。

6 職業
□ お笑い芸人

5 職業
□ 野球選手

4 職業
□ パン屋

3 職業
□ 宇宙飛行士（うちゅうひこうし）

10 職業
□ 花屋

9 職業
□ 客室乗務員

8 職業
□ 農場主

7 職業
□ 医者

14 職業
□ 科学者

13 職業
□ 警察官（けいさつかん）

12 職業
□ パイロット

11 職業
□ 看護師（かんごし）

15 job  ☐ singer	**16** job soccer player	**17** job ☐ teacher	**18** job ☐ vet
19 job ☐ zookeeper	**20** animal ☐ bird	**21** animal ☐ chicken	**22** animal ☐ dolphin
23 animal ☐ elephant	**24** animal ☐ frog	**25** animal ☐ giraffe	**26** animal ☐ koala
27 animal ☐ monkey	**28** animal ☐ mouse	**29** animal ☐ octopus	**30** animal ☐ panda

18 職業	17 職業	16 職業	15 職業
☐ 獣医（じゅうい）	☐ 先生	☐ サッカー選手	☐ 歌手

22 動物	21 動物	20 動物	19 職業
☐ イルカ	☐ ニワトリ	☐ 鳥	☐ 動物園の飼育員

26 動物	25 動物	24 動物	23 動物
☐ コアラ	☐ キリン	☐ カエル	☐ ゾウ

30 動物	29 動物	28 動物	27 動物
☐ パンダ	☐ タコ	☐ ネズミ	☐ サル

31 animal	32 animal	33 animal	34 animal
☐ penguin	☐ pig	☐ snake	☐ whale

35 club activity	36 club activity	37 club activity	38 club activity
☐ art club	☐ badminton team	☐ baseball team	☐ basketball team

39 club activity	40 club activity	41 club activity	42 club activity
☐ brass band	☐ chorus	☐ drama club	☐ soccer team

43 club activity	44 club activity	45 event	46 event
☐ tennis team	☐ volleyball team	☐ Children's Day	☐ drama festival

34 　　　　　　動物	33 　　　　　　動物	32 　　　　　　動物	31 　　　　　　動物
□ クジラ	□ ヘビ	□ ブタ	□ ペンギン

38 　　　　　部活動	37 　　　　　部活動	36 　　　　　部活動	35 　　　　　部活動
□ バスケットボール部	□ 野球部	□ バドミントン部	□ 美術部

42 　　　　　部活動	41 　　　　　部活動	40 　　　　　部活動	39 　　　　　部活動
□ サッカー部	□ 演劇部 (えんげきぶ)	□ 合唱部	□ 吹奏楽部 (すいそうがくぶ)

46 　　　　　　行事	45 　　　　　　行事	44 　　　　　部活動	43 　　　　　部活動
□ 学芸会	□ こどもの日	□ バレーボール部	□ テニス部

47 event	48 event	49 event	50 event
☐ entrance ceremony	☐ field trip	☐ graduation ceremony	☐ music festival

51 event	52 event	53 event	54 event
☐ New Year's Day	☐ New Year's Eve	☐ school trip	☐ sports day

55 event	56 event	57 event	58 nature
☐ Star Festival	☐ swimming meet	☐ volunteer day	☐ beach

59 nature	60 nature	61 nature	62 nature
☐ lake	☐ mountain	☐ river	☐ sea

50 行事 □ 音楽祭	**49** 行事 □ 卒業式

50 行事 □ 音楽祭
49 行事 □ 卒業式
48 行事 □ 遠足
47 行事 □ 入学式

54 行事 □ 運動会
53 行事 □ 修学旅行
52 行事 □ 大みそか
51 行事 □ 元日

58 自然 □ ビーチ
57 行事 □ ボランティアの日
56 行事 □ 水泳 競技会
すいえいきょうぎかい
55 行事 □ 七夕

62 自然 □ 海
61 自然 □ 川
60 自然 □ 山
59 自然 □ 湖

63 country	64 country	65 country	66 country
☐ Australia	☐ Brazil	☐ Canada	☐ China
67 country	68 country	69 country	70 country
☐ Egypt	☐ France	☐ Germany	☐ India
71 country	72 country	73 country	74 country
☐ Italy	☐ Japan	☐ Kenya	☐ Korea
75 country	76 country	77 country	78 country
☐ Peru	☐ Russia	☐ Spain	☐ Thailand

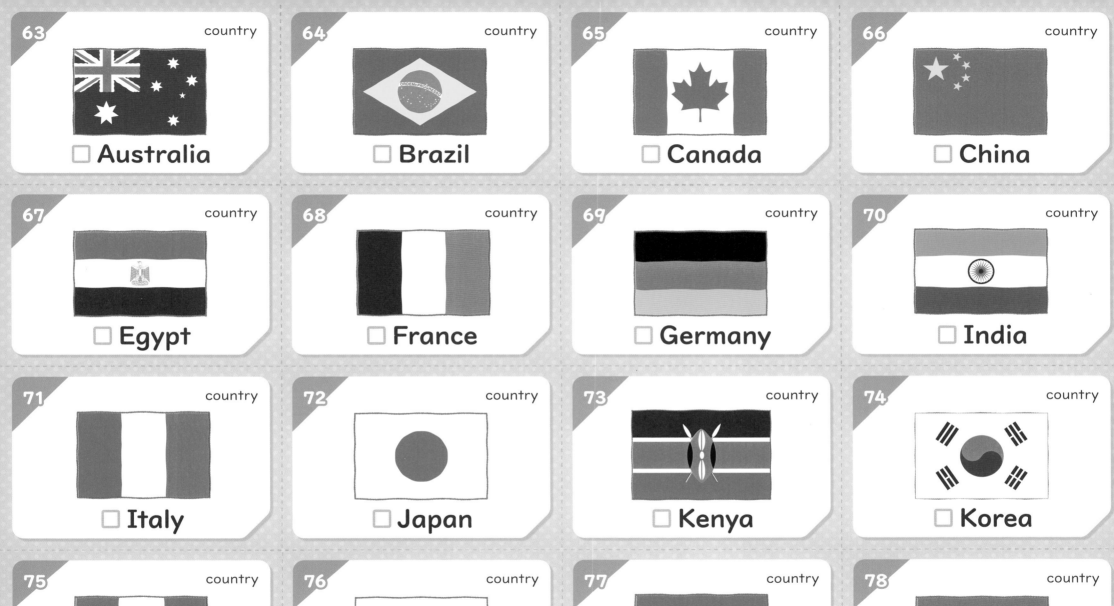

66 国	65 国	64 国	63 国
☐ 中国	☐ カナダ	☐ ブラジル	☐ オーストラリア

70 国	69 国	68 国	67 国
☐ インド	☐ ドイツ	☐ フランス	☐ エジプト

74 国	73 国	72 国	71 国
☐ 韓国 かんこく	☐ ケニア	☐ 日本	☐ イタリア

78 国	77 国	76 国	75 国
☐ タイ	☐ スペイン	☐ ロシア	☐ ペルー

79 country	80 food	81 food	82 food
☐ the Philippines	☐ apple	☐ banana	☐ beef

83 food	84 food	85 food	86 food
☐ cabbage	☐ carrot	☐ cheese	☐ cherry

87 food	88 food	89 food	90 food
☐ corn	☐ egg	☐ eggplant	☐ grapes

91 food	92 food	93 food	94 food
☐ green pepper	☐ lettuce	☐ melon	☐ mushroom

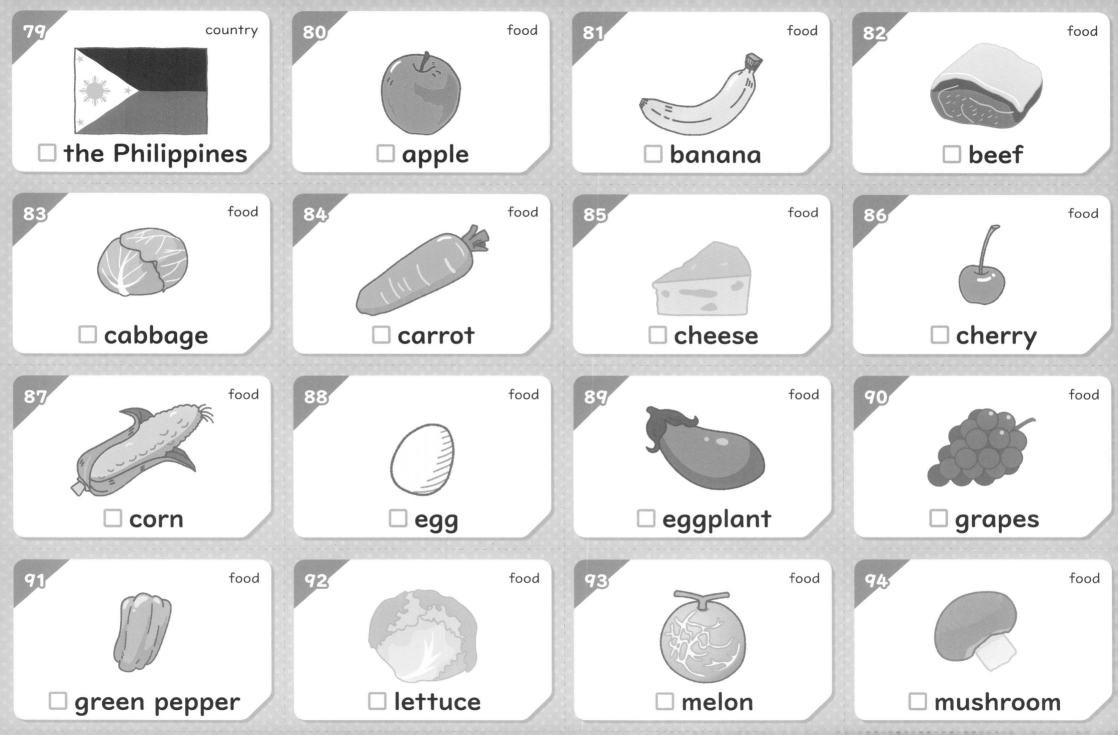

82 食べ物	81 食べ物	80 食べ物	79 国
☐ 牛肉	☐ バナナ	☐ リンゴ	☐ フィリピン

86 食べ物	85 食べ物	84 食べ物	83 食べ物
☐ サクランボ	☐ チーズ	☐ ニンジン	☐ キャベツ

90 食べ物	89 食べ物	88 食べ物	87 食べ物
☐ ブドウ	☐ ナス	☐ 卵	☐ トウモロコシ

94 食べ物	93 食べ物	92 食べ物	91 食べ物
☐ キノコ	☐ メロン	☐ レタス	☐ ピーマン

95 food	96 food	97 food	98 food
☐ onion	☐ orange	☐ peach	☐ pineapple

99 food	100 food	101 food	102 food
☐ pork	☐ potato	☐ spinach	☐ strawberry

103 food	104 food	105 action	106 action
☐ tomato	☐ watermelon	☐ buy	☐ clean

107 action	108 action	109 action	110 action
☐ cook	☐ dance	☐ drink	☐ eat

98　食べ物 □ パイナップル	97　食べ物 □ モモ	96　食べ物 □ オレンジ	95　食べ物 □ タマネギ
102　食べ物 □ イチゴ	101　食べ物 □ ホウレンソウ	100　食べ物 □ ジャガイモ	99　食べ物 □ ぶた肉
106　動作 □ そうじをする	105　動作 □ 買う	104　食べ物 □ スイカ	103　食べ物 □ トマト
110　動作 □ 食べる	109　動作 □ 飲む	108　動作 □ おどる	107　動作 □ 料理をする

111 action  ☐ **fly**	112 action  ☐ **get**	113 action  ☐ **help**	114 action ☐ **make**
115 action  ☐ **read**	116 action  ☐ **ride**	117 action  ☐ **run**	118 action  ☐ **see**
119 action  ☐ **sing**	120 action  Hello! ☐ **speak**	121 action  A C B D ☐ **study**	122 action  ☐ **swim**
123 action  ☐ **talk**	124 action  ☐ **visit**	125 action  ☐ **walk**	126 action  ☐ **watch**

114 動作 ☐ 作る	113 動作 ☐ 手伝う	112 動作 ☐ 手に入れる	111 動作 ☐ 飛ぶ
118 動作 ☐ 見る	117 動作 ☐ 走る	116 動作 ☐ 乗る	115 動作 ☐ 読む
122 動作 ☐ 泳ぐ	121 動作 ☐ 勉強する	120 動作 ☐ （言語を）話す	119 動作 ☐ 歌う
126 動作 ☐ （テレビなどを）見る	125 動作 ☐ 歩く	124 動作 ☐ 訪（たず）ねる	123 動作 ☐ 話す

もくじ 英語6年
東京書籍版 NEW HORIZON Elementary

教科書ぴったりトレーニング
▶3分でまとめ動画

🔊トラック 🔊トラック のついているところと、各付録の音声は、右のQRコード、または専用の「ポケットリスニング」のアプリから聞くことができます。
「ポケットリスニング」について、くわしくは表紙の裏をご覧ください。
https://www.shinko-keirin.co.jp/shinko/listening-pittari_training/

スピーキングアプリ のついているところは
専用の「ぴたトレスピーキング」のアプリで学習します。
くわしくは81ページをご覧ください。

アルファベットを学ぼう
大文字

3分でまとめ

アルファベット　大文字

ききトリ 音声でアルファベットの音を聞いて、後に続いて言ってみましょう。 🔊 トラック0

☐ エイ
A

☐ ビー
B

☐ スィー
C

☐ ディー
D

☐ イー
E

☐ エフ
F

☐ ジー
G

☐ エイチ
H

☐ アイ
I

☐ ジェイ
J

☐ ケイ
K

☐ エル
L

☐ エンム
M

☐ エンヌ
N

☐ オウ
O

☐ ピー
P

☐ キュー
Q

☐ アール
R

☐ エス
S

☐ ティー
T

☐ ユー
U

☐ ヴィー
V

☐ ダブリュー
W

☐ エクス
X

☐ ワイ
Y

☐ ズィー
Z

☑ 発音したらチェック

練習

※アルファベットの書き順は目安です。
※この本では英語の発音をよく似たカタカナで表しています。
　めやすと考え、音声で正しい発音を確かめましょう。

かきトリ 声に出して文字をなぞった後、自分で2回ぐらい書いてみましょう。　できたらチェック！ 書く 話す

① A

② B

③ C

④ D

⑤ E

⑥ F

⑦ G

⑧ H

⑨ I

⑩ J

⑪ K

⑫ L

⑬ M

⑭ N

⑮ O

⑯ P

⑰ Q

⑱ R

⑲ S

⑳ T

㉑ U

㉒ V

㉓ W

㉔ X

㉕ Y

㉖ Z

ヒント

大文字は、一番上の
線から3番目の線ま
での間に書くよ。

アルファベットを学ぼう
小文字

アルファベット　小文字

ききトリ　アルファベットをリズムに乗って言ってみましょう。 🔊 トラック0

エィ	ビー	スィー	ディー	イー
☐ a	☐ b	☐ c	☐ d	☐ e

エフ	ジー	エイチ	アイ	ジェイ
☐ f	☐ g	☐ h	☐ i	☐ j

ケイ	エル	エンム	エンヌ	オウ
☐ k	☐ l	☐ m	☐ n	☐ o

ピー	キュー	アール	エス	ティー
☐ p	☐ q	☐ r	☐ s	☐ t

ユー	ヴィー	ダブリュー	エクス	ワイ	ズィー
☐ u	☐ v	☐ w	☐ x	☐ y	☐ z

☑ 発音したらチェック

4

※アルファベットの書き順は目安です。
※この本では英語の発音をよく似たカタカナで表しています。
　めやすと考え、音声で正しい発音を確かめましょう。

かきトリ　声に出して文字をなぞった後、自分で2回ぐらい書いてみましょう。　**できたらチェック！**　書く　話す

① a

② b

③ c

④ d

⑤ e

⑥ f

⑦ g

⑧ h

⑨ i

⑩ j

⑪ k

⑫ l

⑬ m

⑭ n

⑮ o

⑯ p

⑰ q

⑱ r

⑲ s

⑳ t

㉑ u

㉒ v

㉓ w

㉔ x

㉕ y

㉖ z

ヒント
bとdのように、形の似ているアルファベットがいくつかあるね。

5

★ 英語を書くときのルール ★

英語を書くときは、日本語とはちがうルールがいくつかあります。
次からのページで英語を書くときは、ここで学ぶことに気をつけましょう。

❶ 単語の中の文字どうしはくっつけて書き、単語どうしははなして書く！

Good morning. I'm Saori.

> Ｇｏｏｄ のように、1 文字 1 文字が
> はなれないようにしよう。

単語と単語の間は、少しあけるよ。　　文と文の間は、1 文字程度あけるよ。

❷ 文の最初の文字は大文字で書く！

Good morning.
× good morning.

Yes, I do.

> I は文のどこでも大文字だよ。

▶ 以下のような単語は文のどこでも大文字で始めます。

人の名前
Olivia

国名
Japan

地名
Osaka

❸ 文の終わりにはピリオド（.）をつける！

Nice to meet you.

Good idea!

> 強調するときなどに使うエクスクラメーションマーク（!）を
> つけるときは ピリオドはなくてよいよ。

❹ たずねる文の終わりには、ピリオドのかわりにクエスチョンマーク（?）をつける！

How are you?
× How are you.

❺ 単語の間にはコンマ（,）をつけることがある！

Yes, it is.

> Yes や No のあとにはコンマ（,）を入れるよ。

ものの個数や値段、年れいを表す数字と、日づけなどに使う数字の２通りを知っておきましょう。

▶ ものの個数や値段、年れいを表す数字

1 one	2 two	3 three	4 four	5 five
6 six	7 seven	8 eight	9 nine	10 ten
11 eleven	12 twelve	13 thirteen	14 fourteen	15 fifteen
16 sixteen	17 seventeen	18 eighteen	19 nineteen	20 twenty
21 twenty-one	22 twenty-two	23 twenty-three	24 twenty-four	25 twenty-five
26 twenty-six	27 twenty-seven	28 twenty-eight	29 twenty-nine	30 thirty
40 forty	50 fifty	60 sixty	70 seventy	80 eighty
90 ninety	100 one hundred			

（例）　three apples（3つのりんご）

▶ 日づけを表す数字

1st first	2nd second	3rd third	4th fourth	5th fifth	6th sixth	7th seventh
8th eighth	9th ninth	10th tenth	11th eleventh	12th twelfth	13th thirteenth	14th fourteenth
15th fifteenth	16th sixteenth	17th seventeenth	18th eighteenth	19th nineteenth	20th twentieth	21st twenty-first
22nd twenty-second	23rd twenty-third	24th twenty-fourth	25th twenty-fifth	26th twenty-sixth	27th twenty-seventh	28th twenty-eighth
29th twenty-ninth	30th thirtieth	31st thirty-first				

（例）　My birthday is April 1st.
（わたしの誕生日は4月1日です。）

準備

3分でまとめ

Unit 1
This is me! ①

めあて
名前や好きなもの・ことを伝え合うことができる

教科書　6〜13ページ

名前と好きなもの・ことの伝え方

ききトリ 音声を聞き、声に出してみましょう。　　◯ トラック1〜2

I'm Deepa.
アイム　ディーパ
わたしはディーパです。
I like dancing.
アイ ライク　ダンスィング
わたしは踊ることが好きです。

せつめい **つたえる** I'm 〜. で、「わたしは〜です。」と伝えることができます。
ここでの「〜」には、自分の名前が入ります。
I like 〜. で、「わたしは〜が好きです。」と伝えることができます。
ここでの「〜」には、自分の好きなものやことを表す言葉が入ります。

ききトリ 音声を聞き、英語の言葉を言いかえて、文を読んでみましょう。　◯ トラック3〜4

I'm Deepa. I like dancing .

いいかえよう 趣味、スポーツ(sport)、色(color)、動物(animal)を表す言葉

□fishing(つり)

□blue(青)

□rabbits(ウサギ)

□hiking(ハイキング)

□yellow(黄)

□cats(ネコ)

□soccer(サッカー)

□red(赤)

□dogs(イヌ)
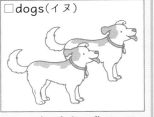

□basketball(バスケットボール)　□purple(むらさき)　□pandas(パンダ)

ワンポイント
I'm のあとに自分の名前を入れよう。名前の最初の文字はいつも大文字にするよ。

これを知ったら
ワンダフル!
好きな動物を言うときは、ふつう、動物を表す言葉の最後にsをつけるよ。

❓ぴったりクイズ　答えはこのページの下にあるよ！

likeは「〜が好きです」という意味だけれど、「〜が大好きです」と言うとき
はどんな英語の言葉を使うか分かるかな？

📖 教科書　6〜13ページ

かきトリ🎵　英語をなぞり、声に出してみましょう。

できたらチェック！　書く □　話す □

□つり

fishing

□サッカー

soccer

💬ヒント

soccer は
c を重ねて書くことに
気をつけよう。

□バスケットボール

basketball

□むらさき

purple

□黄

yellow

□赤

red

□青

blue

□ウサギ

rabbits

□パンダ

pandas

□ネコ

cats

□わたしはヒロシです。

I'm Hiroshi.

□わたしはイヌが好きです。

I like dogs.

▶読み方が分からないときは、左のページにもどって音声を聞いてみましょう。

やりトリ🎤　自分の名前や好きなもの・ことについて、伝えてみましょう。　できたらチェック！　書く □　話す □

I'm _____ .

I like _____ .

つたえるコツ

自己紹介をするときは相手の
ことを見て話そう。

▶あてはめる英語は、左のページや付録の小冊子、教科書や辞書などから探してみよう！

🎤自分の伝えたいことを、だれかに聞いてもらおう！

ぴったりクイズの答え　loveだよ。
loveは「〜を愛する」という意味だけれど、「〜が大好きです」と言うときも使うよ。

準備

Unit 1
This is me! ②

宝物についてのたずね方 / 答え方

 音声を聞き、声に出してみましょう。　🔊 トラック5〜6

（フ）ワット　イズ　ユア　トゥレジャ
What is your treasure?
あなたの宝物は何ですか。

マイ　トゥレジャ　イズ　マイ　サ(ー)カァ　ボール
My treasure is my soccer ball.
わたしの宝物はわたしのサッカーボールです。
イッツ　フラム　マイ　グラン(ド)マザァ
It's from my grandmother.
それはわたしの祖母からです。

せつめい

たずねる What is your treasure?　で、「あなたの宝物は何ですか。」とたずねることができます。

こたえる My treasure is 〜.　で、「わたしの宝物は〜です。」と答えることができます。
It's from 〜.　で、「それは〜からです。」とだれからもらったのかを説明することができます。ここでの「〜」には、家族や友達などの人物を表す言葉が入ります。

 音声を聞き、英語の言葉を言いかえて、文を読んでみましょう。　🔊 トラック7〜10

What is your treasure?

ワンポイント
whatは「何」という意味で、具体的なものをたずねるときに使うよ。

My treasure is my soccer ball .

いいかえよう 身の回りのものを表す言葉

□bag(かばん)　□book(本)　□computer(コンピューター)
□mug(マグカップ)　□dictionary(辞書)　□tablet(タブレット)

It's from my grandmother .

これを知ったら
ワンダフル！
たずねる文のyour treasureは、答える文ではmy treasureに変わるよ。yourは「あなたの」、myは「わたしの」という意味だよ。

いいかえよう 家族(family)、人を表す言葉

□grandfather(祖父)　□parents(両親)　□friends(友達)
□mother(母)　□father(父)　□classmates(クラスメート)

 ▶小冊子のp.6〜7で、もっと言葉や表現を学ぼう！

❓ぴったりクイズ　答えはこのページの下にあるよ！

白黒のサッカーボールはどこの国が最初に使い始めたかな？
① 日本　② ブラジル　③ イタリア

教科書　6〜13ページ

かきトリ　英語をなぞり、声に出してみましょう。

できたらチェック！　書く　話す

□かばん

bag

□本

book

●ヒント
book は o を重ねて書くことに注意しよう。

□マグカップ

mug

□コンピューター

computer

□辞書

dictionary

□タブレット

tablet

□あなたの宝物は何ですか。

What is your treasure?

□わたしの宝物はわたしのかばんです。

My treasure is my bag.

□それはわたしの両親からです。

It's from my parents.

▶読み方が分からないときは、左のページにもどって音声を聞いてみましょう。

やりトリ　自分はどう答えるかを書いて、声に出してみましょう。

できたらチェック！　書く　話す

What is your treasure?

My treasure is my ＿＿＿＿＿＿.

It's from my ＿＿＿＿＿＿.

つたえるコツ
My treasure isのあとに少し休止を入れると伝わりやすくなるよ。

▶あてはまる英語は、左のページや付録の小冊子、教科書や辞書などから探してみよう！

🎤答える練習ができたら、次はだれかに質問してみよう！

ぴったりクイズの答え　① 最初は茶色だったけれど、見えにくかったので日本のメーカーが1966年に白黒のボールを初めて作って、それが世界中で使われるようになったんだよ。今ではいろいろな色があるね。

Unit 1
This is me! ③

めあて
自分の得意なことを伝え
合うことができる

教科書　6〜13ページ

得意なことの伝え方

 音声を聞き、声に出してみましょう。　🔊 トラック11〜12

アイム　グッド　アット　プレイング　　　バドミントゥン
I'm good at playing badminton.
わたしはバドミントンをすることが得意です。

せつめい　**つたえる**　I'm good at 〜. で、「わたしは〜が得意です。」と伝えることができます。
「〜することが得意です」と言う場合は「〜」に〈動作を表す言葉＋ing〉を入れます。

 音声を聞き、英語の言葉を言いかえて、文を読んでみましょう。　🔊 トラック13〜14

I'm good at playing badminton .

いいかえよう　動作を表す言葉＋ing

- □drawing（絵をかくこと）
- □cooking（料理をすること）
- □swimming（泳ぐこと）

- □dancing（踊ること）
- □playing the piano（ピアノをひくこと）
- □singing（歌うこと）

- □running（走ること）
- □playing soccer（サッカーをすること）
- □making a cake（ケーキを作ること）

- □skiing（スキーをすること）
- □skateboarding（スケートボードをすること）
- □skating（スケートをすること）

ワンポイント
I'm good atのあとに
動作を表す言葉を続け
るときはingをつけた
形を使うよ。

これを知ったら
ワンダフル!
動作を表す言葉のあと
にingをつけるとき、
最後の文字を重ねるも
のに注意しよう。
（例）
run→running
swim→swimming

練習

ぴったり2

ぴったりクイズ 答えはこのページの下にあるよ！

アメリカのバスケットボール選手として有名なマイケル・ジョーダンにはほかにも得意なスポーツがあったよ。それは何かな？

📖 教科書　6〜13ページ

✏️ **かきトリ** 英語をなぞり、声に出してみましょう。　　できたらチェック！　書く □　話す □

□絵をかくこと
drawing

□料理をすること
cooking

💡**ヒント**
dancing は dance の e をとって ing をつけるよ！

□泳ぐこと
swimming

□踊ること
dancing

□歌うこと
singing

□サッカーをすること
playing soccer

□ケーキを作ること
making a cake

□わたしはピアノをひくことが得意です。
I'm good at playing the piano.

□わたしは走ることが得意です。
I'm good at running.

▶ 読み方が分からないときは、左のページにもどって音声を聞いてみましょう。

🎤 **やりトリ** 自分が得意なことについて、伝えてみましょう。　　できたらチェック！　書く □　話す □

I'm good at ＿＿＿＿＿＿＿＿＿ .

🗨️ **つたえるコツ**
good at は【グダト】とつなげて発音すると、より英語らしく聞こえるよ。

▶ あてはめる英語は、左のページや付録の小冊子、教科書や辞書などから探してみよう！

🔑 自分の伝えたいことを、だれかに聞いてもらおう！

ぴったりクイズの答え 野球だよ。1993年にバスケットボールの選手を引退したあと、シカゴ・ホワイトソックスの傘下チームのバーミングハム・バロンズで野球選手としてプレーしたんだよ。

13

ぴったり3 確かめのテスト Unit 1
This is me!

教科書　6〜13ページ　答え　2ページ

1 音声を聞き、それぞれの人物の好きなことを㋐〜㋒から選び、（　　）に記号を書きましょう。

🔊 トラック15

技能　1問10点(20点)

㋐

㋑

㋒

(1) （　　　　）　(2) （　　　　）

2 音声を聞き、それぞれの人物の宝物とそれをくれた人を線で結びましょう。

🔊 トラック16

技能　1問完答10点(30点)

(1)

Daiki

・　　　　・　　　・　

(2)

Ayaka

・　　　　・　　　・　

(3)

Andy

・　　　　・　　　・　

ふりかえり 🐾 ❷が分からないときは、10ページにもどって確認してみよう。

3 日本文に合う英語の文になるように、[　　]の中から語を選び、[　]に書き、文全体をなぞりましょう。文の最初の文字は大文字で書きましょう。

(1) あなたの宝物は何ですか。

[　　　　　]　[　　　　　] your treasure?

(2) ((1)に答えて)わたしの宝物はわたしのタブレットです。

[　　　　　] treasure is my tablet.

(3) わたしは踊(おど)ることが得意です。

[　　　　] good [　　　　] dancing.

> my　　at　　is　　I'm　　what

4 絵の中の人物になったつもりで、自分の名前や好きなことについて伝える文を、[　　]の中から選び、[　　]に書きましょう。

(1) 名前

[タケシ]

(2) 好きなこと

> I like soccer.　　My treasure is my soccer ball.
>
> I'm Takeshi.　　I'm good at drawing.

15

Unit 2
My Daily Schedule ①

日常生活についてのたずね方／答え方

ききトリ 音声を聞き、声に出してみましょう。　◀))トラック17〜18

(フ)ワット　タイム　ドゥ　ユー　ユージュ(ア)リィ　ゴウ　トゥー　ベッド
What time do you usually go to bed?
あなたはたいてい何時にねますか。

アイ ユージュ(ア)リィ ゴウ トゥー　ベッド アットナインピーエム
I usually go to bed at 9 p.m.
わたしはたいてい午後9時にねます。

せつめい

たずねる What time do you usually 〜?　で、「あなたはたいてい何時に〜しますか。」とた
ずねることができます。ここでの「〜」には、日常の動作を表す言葉が入ります。

こたえる I usually 〜 at 9 p.m.　で、「わたしはたいてい午後9時に〜します。」と答えるこ
とができます。ここでの「〜」には、たずねられた動作を表す言葉が入ります。

ききトリ 音声を聞き、英語の言葉を言いかえて、文を読んでみましょう。　◀))トラック19〜20

What time do you usually go to bed **?**

いいかえよう 動作を表す言葉

☐wash the dishes
（皿をあらう）

☐do your homework
（宿題をする）

☐take a bath
（風呂に入る）

☐have breakfast
（朝食を食べる）

☐walk your dog
（イヌを散歩させる）

☐go to school
（学校へ行く）

☐watch TV
（テレビを見る）

☐study English
（英語を勉強する）

☐get up
（起きる）

☐go home
（家へ帰る）

☐brush your teeth
（歯をみがく）

☐take out the garbage
（ごみを出す）

I usually go to bed **at 9 p.m.**

▶ 小冊子のp.8〜9で、もっと言葉や表現を学ぼう!

❓ ぴったりクイズ　答えはこのページの下にあるよ！
アメリカの小学生の多くが登校に利用するスクールバスは何色かな？
① 赤色　　② 青色　　③ 黄色

📖 教科書　16〜23ページ

かきトリ　英語をなぞり、声に出してみましょう。　　できたらチェック！ □書く □話す

□皿をあらう

wash the dishes

□起きる

get up

💬 ヒント
homework は home と
work をつなげて書く
ことに注意しよう。

□（わたしの）宿題をする

do my homework

□風呂に入る

take a bath

□学校へ行く

go to school

□あなたはたいてい何時にテレビを見ますか。

What time do you usually watch TV?

□わたしはたいてい午後9時に歯をみがきます。

I usually brush my teeth at 9 p.m.

□わたしはたいてい午後9時に英語を勉強します。

I usually study English at 9 p.m.

▶読み方が分からないときは、左のページにもどって音声を聞いてみましょう。

やりトリ　自分は何をたずねるかを書いて、声に出してみましょう。　できたらチェック！ □書く □話す

What time do you usually ＿＿＿＿＿＿＿＿＿＿ ?

I usually ＿＿＿＿＿＿＿＿＿＿

at 9 p.m.

💬 つたえるコツ
たずねられた動作をしっかり
聞き取って答えよう。

▶あてはまる英語は、左のページや付録の小冊子、教科書や辞書などから探してみよう！

🎤 自分の知りたいことを、相手に質問してみよう！

ぴったりクイズの答え　③ 安全性を確保しつつ、どの学区のバスかがすぐ分かるようにするために黄色になった
よ。黄色だとバスが目立つし、書かれた黒い文字もはっきり見えるよ。

ぴったり ① 準備

Unit 2
My Daily Schedule ②

学習日　　月　　日

めあて
日常生活について伝え合うことができる

教科書　16〜23ページ

日常生活についての伝え方

ききトリ 音声を聞き、声に出してみましょう。 ◀)） トラック21〜22

アイ ユージュ(ア)リィ　ゲット　アップ アット スィックス エイエム
I usually get up at 6 a.m.
わたしはたいてい午前6時に起きます。

アイ ブラッシ　マイ　ティース イン ザ　モーニング
I brush my teeth in the morning.
わたしは朝に歯をみがきます。

せつめい　つたえる　I usually 〜 at ....　で、「わたしはたいてい…時に〜します。」と伝えることができます。ここでの「…」には、時刻を表す言葉が入ります。

I 〜 in the ....　で、「わたしは…に〜します。」と加えて伝えることができます。
ここでの「…」には、朝や午後などの時間帯を表す言葉が入ります。

ききトリ 音声を聞き、英語の言葉を言いかえて、文を読んでみましょう。 ◀)） トラック23〜26

 I usually get up at 6 a.m.

いいかえよう 時刻を表す言葉

 □6:30 a.m.(午前6時30分)

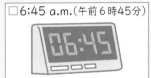 □6:45 a.m.(午前6時45分)

 □7 a.m.(午前7時)

ワンポイント
「〜時に」と言うときは、時刻を表す言葉の前にatを置くよ。

🐾 朝・午後・夕方に歯をみがくとき

 **I brush my teeth in the morning.**

いいかえよう 時間帯を表す言葉

 □afternoon(午後)

 □evening(夕方、晩)

これを知ったら
ワンダフル！
6:30 a.m.など、「分」の部分までを入れた時刻を言うときは、six thirty a.m.のように、「時」→「分」→「a.m. / p.m.」の順に数字の部分を分けて言うよ。
(例)8:15 a.m.
＝eight fifteen a.m.

🐾 夜に歯をみがくとき

 I brush my teeth at night.

練習

？ ぴったりクイズ　答えはこのページの下にあるよ！

世界的な発明家であるトーマス・エジソンは、朝、何時に起きていたかな？　①　午前4時　②　午前7時　③　午前10時

📖 教科書　16〜23ページ

かきトリ　英語をなぞり、声に出してみましょう。
できたらチェック！ 書く 話す

🔵ヒント
a.m. / p.m. を使って「午前〔午後〕〜時（ちょうど）」と書く場合はふつう、7:00 a.m.[p.m.]のように「:00」はつけないよ。

□午前6時30分
6:30 a.m.

□午前7時
7 a.m.

□朝、午前
morning

□午後
afternoon

□夕方、晩
evening

□夜
night

□わたしはたいてい午前5時に起きます。
I usually get up at 5 a.m.

□わたしは朝に歯をみがきます。
I brush my teeth in the morning.

□わたしは夕方にイヌを散歩させます。
I walk my dog in the evening.

▶読み方が分からないときは、左のページにもどって音声を聞いてみましょう。

やりトリ　自分の日常生活について、伝えてみましょう。
できたらチェック！ 書く 話す

I usually get up at _____.
I brush my teeth in the _____.

🍊 つたえるコツ
一文が長いときは、意味のまとまりごとに区切って読むと伝わりやすいよ。

▶あてはめる英語は、左のページや付録の小冊子、教科書や辞書などから探してみよう！

🎤 自分の伝えたいことを、だれかに聞いてもらおう！

ぴったりクイズの答え　①　ねる時刻が午後11時くらいだったから、毎日5時間しかねていなかったんだよ。

Unit 2
My Daily Schedule ③

日常生活についての伝え方

ききトリ 🎧 音声を聞き、声に出してみましょう。　　🔊 トラック27～28

アイ　ユージュ(ア)リィ　ワ(ー)ッシ　ザ　ディッシイズ
I usually wash the dishes.
わたしはたいてい皿をあらいます。

アイ　クリーン　マイ　ルーム　ア(ー)ン　サンデイズ
I clean my room on Sundays.
わたしは日曜日に自分の部屋をそうじします。

せつめい　つたえる　〈**I usually**＋日常の動作.〉で、「わたしはたいてい[ふだん]〜します。」と伝えることができます。**usually**の位置には、頻度を表す言葉が入ります。

〈**I**＋日常の動作＋**on** 〜.〉で、「わたしは〜に…します。」と伝えることができます。ここでの「〜」には、曜日を表す言葉が入ります。

ききトリ 🎧 音声を聞き、英語の言葉を言いかえて、文を読んでみましょう。　　🔊 トラック29～32

 I usually wash the dishes.

いいかえよう 🔈　頻度を表す言葉

□always（いつも）

日	月	火	水	木	金	土
○	○	○	○	○	○	○

□sometimes（ときどき）

日	月	火	水	木	金	土
			○			○

□never（決して〜しない）

日	月	火	水	木	金	土

ワンポイント
頻度を表す言葉は動作を表す言葉の前に置くよ。

 I clean my room on  Sundays .

いいかえよう 🔈　曜日を表す言葉

□Mondays（月曜日）	□Tuesdays（火曜日）	□Wednesdays（水曜日）
月ようび	火ようび	水ようび

□Thursdays（木曜日）	□Fridays（金曜日）	□Saturdays（土曜日）
木ようび	金ようび	土ようび

これを知ったら
ワンダフル！
on Sundaysのように、onのあとの曜日を表す言葉の最後にsをつけると、「（毎週）〜曜日に」という意味になるよ。

練習

? ぴったりクイズ 答えはこのページの下にあるよ！

Thursday（木曜日）に関係のある惑星は次のうちどれかな？
① Jupiter（ジュピター）　② Mars（マーズ）　③ Venus（ヴィーナス）

📖 教科書 16〜23 ページ

かきトリ 英語をなぞり、声に出してみましょう。

できたらチェック！ 書く 話す □ □

□いつも
always

□たいてい、ふだん
usually

ヒント
曜日を表す言葉はいつも最初の文字を大文字で書くよ。

□ときどき
sometimes

□決して〜しない
never

□月曜日
Mondays

□水曜日
Wednesdays

□木曜日
Thursdays

□土曜日
Saturdays

□わたしはときどきサッカーをします。
I sometimes play soccer.

□わたしは日曜日に本を読みます。
I read books on Sundays.

▶読み方が分からないときは、左のページにもどって音声を聞いてみましょう。

やりトリ 自分の日常生活について、伝えてみましょう。

できたらチェック！ 書く 話す □ □

I _____ watch TV.

I study English on _____.

つたえるコツ
頻度を表す言葉を強く読むと伝わりやすいよ。

▶あてはめる英語は、左のページや付録の小冊子、教科書や辞書などから探してみよう！

自分の伝えたいことを、だれかに聞いてもらおう！

ぴったりクイズの答え ①　①は木星、②は火星、③は金星だよ。

ぴったり 3
確かめのテスト

Unit 2
My Daily Schedule

教科書 16〜23 ページ　答え 3 ページ

1 音声を聞き、内容に合う絵を⑦〜⑦から選び、（　　）に記号を書きましょう。

🔊 トラック33

技能　1問10点(20点)

⑦

④

⑦

(1) (　　　　)　　(2) (　　　　　　)

2 音声を聞き、コウジの日常に合う絵をすべて選び、〇で囲みましょう。🔊 トラック34

技能　1つ15点(45点)

コウジ

morning

afternoon

Saturdays

Sundays

ふりかえり ❷が分からないときは、18・20ページにもどって確認してみよう。

3 日本文に合う英語の文になるように、□□□の中から語を選び、□□□に書き、文全体をなぞりましょう。

1つ5点(15点)

(1) あなたはたいてい何時に学校に行きますか。

What ⬚ do you usually

⬚ to school?

(2) わたしはいつもテレビを見ます。

I ⬚ watch TV.

> go　　do　　time　　always

4 下の表に合うように、□□□の中から語句を選び、□□□に書き、文全体をなぞりましょう。

思考・判断・表現　1問10点(20点)

ふだんわたしがしていること						
月曜日	火曜日	水曜日	木曜日	金曜日	土曜日	日曜日
英語の勉強をする	イヌを散歩させる	ピアノをひく	ごみを出す	皿をあらう	本を読む	テニスをする

(1) ＿＿＿＿＿＿＿ on Tuesdays.

(2) ＿＿＿＿＿＿＿ on Fridays.

> I study English　　I walk my dog
>
> I play the piano　　I wash the dishes

ぴったり① 準備 3分でまとめ

Unit 3
My Weekend ①

学習日　月　日

めあて
週末に行った場所を伝え合うことができる

教科書　26〜33ページ

週末に行った場所の伝え方

きき**トリ** 音声を聞き、声に出してみましょう。　🔊 トラック35〜36

アイ　ウェント　トゥー　コウシエン
I went to Koshien
ステイディアム
Stadium.
わたしは甲子園球場へ行きました。

せつめい　**つたえる** I went to 〜. で、「わたしは〜へ行きました。」と伝えることができます。ここでの「〜」には、建物、場所を表す言葉やその具体的な名前が入ります。

ききトリ 音声を聞き、英語の言葉を言いかえて、文を読んでみましょう。　🔊 トラック37〜38

I went to Koshien Stadium .

いいかえよう 建物、場所を表す言葉

□ a restaurant（レストラン）

□ a department store（デパート）

□ a hospital（病院）

□ an aquarium（水族館）

□ a bookstore（書店）

□ a park（公園）

□ a stadium（スタジアム）

□ a library（図書館）

□ a zoo（動物園）

□ a museum（博物館、美術館）　□ a supermarket（スーパーマーケット）　□ a post office（郵便局）

ワンポイント
建物、場所を表す言葉の前にはa[an]を置くよ。その言葉の発音がア・イ・ウ・エ・オの音で始まるとき、anを置くよ。

これを知ったら**ワンダフル！**
wentは「行った」という意味で、過去に行ったことを伝えるときに使う言葉だよ。「行く」はgoで表すよ。

▶ 小冊子のp.14〜15で、もっと言葉や表現を学ぼう！

24

？ぴったりクイズ　答えはこのページの下にあるよ！

日本ではサッカーや野球をしたり、観戦したりする人が多いけれど、アメリカで圧倒的に人気のスポーツは何かな？

教科書　26〜33 ページ

かきトリ 英語をなぞり、声に出してみましょう。

できたらチェック！ 書く 話す

□図書館

a library

□動物園

a zoo

□スタジアム

a stadium

□スーパーマーケット

a supermarket

□博物館、美術館

a museum

□水族館

an aquarium

□デパート

a department store

□わたしはレストランへ行きました。

I went to a restaurant.

□わたしは公園へ行きました。

I went to a park.

▶読み方が分からないときは、左のページにもどって音声を聞いてみましょう。

やりトリ 自分が週末に行った場所について、伝えてみましょう。

できたらチェック！ 書く 話す

 I went to _____.

つたえるコツ

went to は【ウェントゥー】とつなげて発音すると、より英語らしく聞こえるよ。

▶あてはめる英語は、左のページや付録の小冊子、教科書や辞書などから探してみよう！

🔑 自分の伝えたいことを、だれかに聞いてもらおう！

ぴったりクイズの答え アメリカンフットボールだよ。
アメリカでは2位がバスケットボールで3位が野球なんだ。

ぴったり1
準備
Unit 3
My Weekend ②

学習日　　月　　日

🎯めあて
週末にしたことを伝え合うことができる

📖教科書　26〜33ページ

週末にしたことの伝え方

ききトリ🎧　音声を聞き、声に出してみましょう。　🔊トラック39〜40

> **アイ　インヂョイド　ワ(ー)ッチング　ア**
> **I enjoyed watching a**
> **ベイスボール　ゲイム**
> **baseball game.**
> わたしは野球の試合を見ることを楽しみました。

せつめい　つたえる　〈I＋した動作＋具体的なもの・こと.〉　で、「わたしは〜しました。」と伝えることができます。

ききトリ🎧　音声を聞き、英語の言葉を言いかえて、文を読んでみましょう。　🔊トラック41〜42

> **I enjoyed watching a baseball game .**

いいかえよう　過去の動作を表す言葉

□ate spaghetti （スパゲッティを食べた） 	□enjoyed camping （キャンプを楽しんだ） 	□watched a soccer game （サッカーの試合を見た） 
□ate ice cream （アイスクリームを食べた）	□played baseball （野球をした） 	□saw a movie （映画を見た） 
□ate pizza （ピザを食べた）	□played the piano （ピアノをひいた） 	□saw koalas （コアラを見た） 
□ate a hamburger （ハンバーガーを食べた）	□enjoyed tennis （テニスを楽しんだ）	□watched a basketball game （バスケットボールの試合を見た）

🐶ワンポイント
play（（スポーツなど）をする）はplayedとすると、「（スポーツなど）をした」と過去にスポーツをしたことを表すことができるよ。

これを知ったら
ワンダフル！🐶
ateは「食べた」という意味で、「食べる」はeatで表すよ。
saw(見た)は、「見る」と言うときはseeで表すよ。

　▶小冊子のp.10〜13で、もっと言葉や表現を学ぼう！

学習日　　月　　日

？ぴったりクイズ　答えはこのページの下にあるよ！

ピクニック(picnic)は英語ではどういう意味かな？　①公園で軽い運動をすること　②家の外で食事をすること　③自然の中を歩き回ること

📖教科書　26〜33ページ

かきトリ　英語をなぞり、声に出してみましょう。

できたらチェック！　書く□　話す□

□テニスを楽しんだ

enjoyed tennis

💡ヒント
tennis は n を重ねて書くことに注意しよう。

□バスケットボールの試合を見た

watched a basketball game

□アイスクリームを食べた

ate ice cream

□ピザを食べた

ate pizza

□映画を見た

saw a movie

□コアラを見た

saw koalas

□わたしはスパゲッティを食べました。

I ate spaghetti.

□わたしは野球をしました。

I played baseball.

▶読み方が分からないときは、左のページにもどって音声を聞いてみましょう。

やりトリ　自分が週末にしたことについて、伝えてみましょう。

できたらチェック！　書く□　話す□

I _____ .

🐤つたえるコツ🐤
家族や友達みんなでしたことは、IではなくWeから始めると、「わたしたちは」という意味になるよ。

▶あてはめる英語は、左のページや付録の小冊子、教科書や辞書などから探してみよう！

🎤自分の伝えたいことを、だれかに聞いてもらおう！

ぴったりクイズの答え　②　外で食事をすることのほかに、その食事そのものをpicnicと言うこともあるよ。

時間 **30** 分

／100

合格 **80** 点

教科書 26〜33 ページ ・答え 4 ページ

1 音声を聞き、内容に合う絵を⑦〜⑦から選び、（　　）に記号を書きましょう。

・トラック43

技能 1問10点（20点）

⑦

⑦
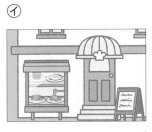

⑦

（1）（　　　　）　（2）（　　　　　　）

2 音声を聞き、それぞれの人物がしたことを、線で結びましょう。 ・トラック44

技能 1問10点（30点）

（1）　　　　　　　　　（2）　　　　　　　　　（3）

Sakura

Ken

Mayu

・　　　　　　　　　　・　　　　　　　　　　・

・　　　　　　　　　　・　　　　　　　　　　・

ふりかえり ②が分からないときは、26ページにもどって確認してみよう。

3 日本文に合う英語の文になるように、□□□□の中から語を選び、□□□に書き、文全体をなぞりましょう。

(1) わたしは動物園へ行きました。

I ☐ ☐ a ☐ .

(2) （(1)に続けて）わたしはコアラを見ました。

I ☐ koalas.

saw　　zoo　　to　　went

4 下の絵はキョウコが週末にしたことを順番に表しています。それぞれの絵に合う文を□□□の中から選び、□□□に書きましょう。

思考・判断・表現　1問10点（30点）

(1)　　　　　　　　(2)　　　　　　　　(3)

(1)

(2)

(3)

I ate a hamburger.　　　I enjoyed shopping.

I went to a department store.

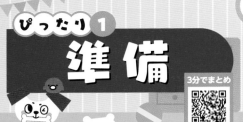

ぴったり① **準備**

3分でまとめ

Unit 3
My Weekend ③

学習日　月　日

めあて
週末についての感想をたずねたり答えたりすることができる

教科書　26〜33ページ

週末についての感想のたずね方 / 答え方

ききトリ 音声を聞き、声に出してみましょう。　🔊 トラック45〜46

ハウ　ワズ　ユア　ウィーケンド
How was your weekend?
あなたの週末はどうでしたか。

イット　ワズ　グレイト
It was great.
すばらしかったです。

せつめい

たずねる How was your weekend?　で、「あなたの週末はどうでしたか。」とたずねることができます。

こたえる It was 〜.　で、「〜でした。」と答えることができます。
ここでの「〜」には、great（すばらしい、すごい）など感想や様子を表す言葉が入ります。

ききトリ 音声を聞き、英語の言葉を言いかえて、文を読んでみましょう。　🔊 トラック47〜48

How was your weekend?

It was | great | **.**

ワンポイント
howは「どう、どんな」という意味で、様子をたずねるときに使うよ。

いいかえよう 感想、様子を表す言葉

□fun
（楽しいこと）

□interesting
（おもしろい）

□good（良い）

□exciting
（わくわくさせる）

□amazing
（おどろくほどすばらしい）

□bad（悪い）

□wonderful
（すばらしい、おどろくべき）

□fantastic
（すばらしい、すてきな）

□nice（すてきな）

これを知ったら ワンダフル！
wasは「〜でした」という意味だよ。
（例）
It <u>is</u> interesting.
（おもしろいです。）
It <u>was</u> interesting.
（おもしろかったです。）

🐕 ▶ 小冊子のp.26〜27で、もっと言葉や表現を学ぼう！

学習日
月　日

ぴったりクイズ　答えはこのページの下にあるよ！
日本のお好み焼き店で、お好み焼きを食べた外国人がおどろくのはどんなことかな？

教科書　26〜33 ページ

かきトリ　英語をなぞり、声に出してみましょう。

できたらチェック！　書く　話す

□わくわくさせる

exciting

□おもしろい

interesting

□すばらしい、おどろくべき

wonderful

□おどろくほどすばらしい

amazing

□すばらしい、すてきな

fantastic

□楽しいこと

fun

ヒント
fun は u が a にならないように注意しよう。

□あなたの週末はどうでしたか。

How was your weekend?

□すばらしかったです。

It was great.

□楽しかったです。

It was fun.

▶ 読み方が分からないときは、左のページにもどって音声を聞いてみましょう。

やりトリ　自分はどう答えるかを書いて、声に出してみましょう。

できたらチェック！　書く　話す

How was your weekend?

It was ＿＿＿＿＿＿＿＿＿＿＿＿ .

つたえるコツ
感想に合わせて表情やジェスチャーを用いるとコミュニケーションがとりやすくなるよ。

▶ あてはめる英語は、左のページや付録の小冊子、教科書や辞書などから探してみよう！

 答える練習ができたら、次はだれかに質問してみよう！

ぴったりクイズの答え　自分でお好み焼きを焼くこと。海外では飲食店で自分で調理をすることがほぼないから本当にびっくりするんだよ。

Unit 3
My Weekend ④

週末にしたことの伝え方 / 答え方

 音声を聞き、声に出してみましょう。　 トラック49〜50

アイ　プレイド　サ(ー)カァ　ウィズ　マイ　ブラザァ
I played soccer with my brother.
わたしは兄[弟]といっしょにサッカーをしました。

クール
Cool!
いいですね！

せつめい

つたえる 〈I＋した動作＋具体的なもの・こと.〉 で、「わたしは〜しました。」と伝えることができます。

こたえる Cool!（いいですね！）のように、相手の発言に対して応答しましょう。
ほかに Great.（すばらしい。）や That's nice.（いいね。）などと応答することができます。

 音声を聞き、英語の言葉を言いかえて、文を読んでみましょう。　 トラック51〜52

I played soccer with my brother .

いいかえよう　過去の動作を表す言葉

□had breakfast
（朝食を食べた）

□watched TV
（テレビを見た）

□enjoyed reading
（読書を楽しんだ）

□played tennis
（テニスをした）

□made a cake
（ケーキを作った）

□enjoyed hiking
（ハイキングを楽しんだ）

□played dodgeball with my friends
（友達とドッジボールをした）

□enjoyed playing video games
（テレビゲームをすることを楽しんだ）

□made pizza with my father
（父といっしょにピザを作った）

□ate pudding with my sister
（姉[妹]といっしょにプリンを食べた）

 **ワンポイント**
「〜と（いっしょに）」と言うときはwith 〜を使うよ。

これを知ったら ワンダフル！
hadは「食べた、持っていた」という意味で、「食べる、持っている」はhaveで表すよ。
made(作った)は、「作る」と言うときはmakeで表すよ。

 Cool!

 ▶小冊子のp.10〜13で、もっと言葉や表現を学ぼう！

ぴったりクイズ　答えはこのページの下にあるよ！
アメリカの子どもたちを30年にわたって楽しませ続け、今なお続く人気のテレビ番組は何かな？
①　機関車トーマス　　②　パワーレンジャー　　③　トムとジェリー

教科書　26〜33ページ

かきトリ　英語をなぞり、声に出してみましょう。　　できたらチェック！ 書く □ 話す □

□朝食を食べた

had breakfast

□ケーキを作った

made a cake

□テレビを見た

watched TV

ヒント
TVはいつも大文字で
書くことに注意しよう。

□友達とドッジボールをした

played dodgeball with my friends

□わたしはテニスをしました。

I played tennis.

□わたしは父といっしょにピザを作りました。

I made pizza with my father.

□いいですね！

Cool!

▶読み方が分からないときは、左のページにもどって音声を聞いてみましょう。

やりトリ　自分が週末にしたことについて、伝えてみましょう。　　できたらチェック！ 書く □ 話す □

I _____ .

Cool!

つたえるコツ
with（〜と（いっしょに））など
を使うと相手にくわしい情報
を伝えられるよ。

▶あてはめる英語は、左のページや付録の小冊子、教科書や辞書などから探してみよう！

🔑自分の伝えたいことを、だれかに聞いてもらおう！

ぴったりクイズの答え　②　パワーレンジャーは日本の「スーパー戦隊シリーズ」をベースにしたアメリカのテレビ
シリーズで、30年も子どもたちを楽しませているよ。

ぴったり3
確かめのテスト

Unit 3-②
My Weekend

時間 **30** 分
／100
合格 **80** 点

教科書 26〜33 ページ　答え 5 ページ

1 音声を聞き、内容に合う絵を⑦〜⑨から選び、（　　）に記号を書きましょう。

🔊 トラック53

技能　1問10点(20点)

⑦

great

④

amazing

⑨

exciting

(1) (　　　)　　(2) (　　　)

2 音声を聞き、それぞれの人物とその発言を線で結びましょう。🔊 トラック54

技能　1問10点(30点)

(1)

Taku

・

・ 弟といっしょにテレビゲームをすることを楽しみました。

(2)

Hiro

・

・ 祖父といっしょに朝食を食べました。

(3)

Lucy

・

・ 母といっしょにケーキを作りました。

ふりかえり　**2**が分からないときは、32ページにもどって確認してみよう。

3 日本文に合う英語の文になるように、〇〇〇〇の中から語を選び、□□□に書き、文全体をなぞりましょう。

1つ5点(20点)

(1) わたしはテレビを見ました。

I

(2) ((1)に続けて)おもしろかったです。

It

> interesting　　was　　TV　　watched

4 ディーパはルーカスと話しています。ルーカスの応答の文に合うように、ディーパの発言を〇〇〇〇の中から選び、□□□に書きましょう。

思考・判断・表現　1問15点(30点)

(1) Deepa :

Lucas : It was fun.

(2) Deepa :

Lucas : Cool!

> I made pizza with my father.　　How was your weekend?

35

ぴったり① 準備

3分でまとめ

Unit 4
Let's see the world. ①

学習日 月 日

めあて 行きたい国をたずねたり答えたりすることができる

教科書 38〜45ページ

行きたい場所のたずね方 / 答え方

ききトリ 音声を聞き、声に出してみましょう。 トラック55〜56

(フ)ウェア　ドゥ　ユー　ワ(ー)ント　トゥー　ゴウ
Where do you want to go?
あなたはどこに行きたいですか。

アイ　ワ(ー)ント　トゥー　ゴウ　トゥー　イタリィ
I want to go to Italy.
わたしはイタリアに行きたいです。

せつめい

たずねる Where do you want to go? で、「あなたはどこに行きたいですか。」とたずねることができます。

こたえる I want to go to 〜. で、「わたしは〜に行きたいです。」と答えることができます。ここでの「〜」には、国名などの場所を表す言葉が入ります。

ききトリ 音声を聞き、英語の言葉を言いかえて、文を読んでみましょう。 トラック57〜58

Where do you want to go?

I want to go to Italy **.**

ワンポイント
whereは「どこ(に)」という意味で、場所をたずねるときに使うよ。

いいかえよう 国を表す言葉

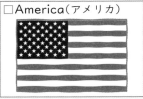 □America(アメリカ)

 □France(フランス)

 □Australia(オーストラリア)

 □China(中国)

 □India(インド)

 □Brazil(ブラジル)

□Morocco(モロッコ)

□Canada(カナダ)

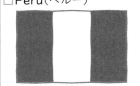 □Peru(ペルー)

これを知ったら ワンダフル!
want to のあとに動作を表す言葉を続けると「〜したい」という意味になるよ。
(例)
I want to read books.
(わたしは本を読みたいです。)

 小冊子のp.4〜5で、もっと言葉や表現を学ぼう!

ぴったりクイズ　答えはこのページの下にあるよ！
アメリカの大学に留学する学生の出身国で最も多い国はどこかな？
① 日本　② インド　③ 中国

教科書　38〜45 ページ

かきトリ　英語をなぞり、声に出してみましょう。

できたらチェック！　書く　話す

□イタリア
Italy

□フランス
France

ヒント
国を表す言葉は最初の文字を大文字で書くよ。

□オーストラリア
Australia

□中国
China

□インド
India

□ブラジル
Brazil

□ペルー
Peru

□あなたはどこに行きたいですか。
Where do you want to go?

□わたしはカナダに行きたいです。
I want to go to Canada.

□わたしはアメリカに行きたいです。
I want to go to America.

▶読み方が分からないときは、左のページにもどって音声を聞いてみましょう。

やりトリ　自分はどう答えるかを書いて、声に出してみましょう。

できたらチェック！　書く　話す

Where do you want to go?

I want to go to ＿＿＿＿＿＿＿＿.

つたえるコツ
want toは【ワ（ー）ントゥー】とつなげて発音すると、より英語らしく聞こえるよ。

▶あてはめる英語は、左のページや付録の小冊子、教科書や辞書などから探してみよう！

🎤答える練習ができたら、次はだれかに質問してみよう！

Unit 4
Let's see the world. ②

◎めあて
行きたい国の魅力を伝え合うことができる

教科書　38〜45 ページ

行きたい国の魅力の伝え方

ききトリ 音声を聞き、声に出してみましょう。　🔊 トラック59〜60

You can eat pizza.
ユー　キャン　イート　ピーツァ
あなたはピザを食べることができます。
It's delicious.
イッツ　ディリシャス
それはとてもおいしいです。

せつめい 【つたえる】 You can 〜. で、「あなたは〜することができます。」と伝えることができます。
ここでの「〜」には、動作を表す言葉が入ります。
It's 〜. で、「それは〜です。」と伝えることができます。
ここでの「〜」には、様子を表す言葉が入ります。

ききトリ 音声を聞き、英語の言葉を言いかえて、文を読んでみましょう。　🔊 トラック61〜64

You can eat pizza **.**

いいかえよう　動作を表す言葉

□eat chocolate（チョコレートを食べる）

□eat mapo tofu（マーボー豆腐を食べる）
□eat curry（カレーを食べる）

□see the Great Wall（万里の長城を見る）

□see the Eiffel Tower（エッフェル塔を見る）
□see the Statue of Liberty（自由の女神像を見る）

□visit a museum（美術館を訪問する）
□buy a dress（ドレスを買う）

ワンポイント
canは「〜できる」という意味で、あとに動作を表す言葉が続くよ。また、canの前の「〜は」の部分の言葉は変えることができるよ。
（例）
I can play the piano.
（わたしはピアノをひくことができます。）

It's delicious **.**

いいかえよう　様子を表す言葉

□sweet（あまい）

□spicy（からい）

□famous（有名な）

□popular（人気のある）

□beautiful（美しい）

□colorful（色あざやかな）

ワンダフル！
様子を表す言葉は、ものを表す言葉の前に置いて使うこともできるよ。
（例）
a beautiful picture
（美しい絵）

？ぴったりクイズ　答えはこのページの下にあるよ！
エッフェル塔の設計者ギュスターヴ・エッフェルはほかにも世界的に有名な建造物を設計したよ。何かな？
① 自由の女神像　② ルーブル美術館　③ ロンドン橋

📖 教科書　38〜45 ページ

かきトリ　英語をなぞり、声に出してみましょう。

できたらチェック！　□書く　□話す

□チョコレートを食べる

eat chocolate

□ドレスを買う

buy a dress

□美術館を訪問する

visit a museum

ヒント
「自由の女神像」の Statue
と Liberty は最初の文字
を大文字で書くよ。

□自由の女神像を見る

see the Statue of Liberty

□からい

spicy

□有名な

famous

□美しい

beautiful

□あなたはエッフェル塔を見ることができます。

You can see the Eiffel Tower.

□それはあまいです。

It's sweet.

▶読み方が分からないときは、左のページにもどって音声を聞いてみましょう。

やりトリ　行きたい国の魅力について、伝えてみましょう。

できたらチェック！　□書く　□話す

You can _____ .

It's _____ .

つたえるコツ
内容に合ったジェスチャーや
表情をつけると伝わりやすい
よ。

▶あてはめる英語は、左のページや付録の小冊子、教科書や辞書などから探してみよう！

🔑 自分の伝えたいことを、だれかに聞いてもらおう！

ぴったりクイズの答え　①　自由の女神像はフランスからアメリカにプレゼントされたんだよ。

Unit 4-①
Let's see the world.

時間 **30** 分

／100

合格 **80** 点

教科書 38〜45 ページ ▷ 答え 6 ページ

1 音声を聞き、内容に合う絵を㋐〜㋒から選び、（　　）に記号を書きましょう。

🔊 トラック65

技能　1問10点(20点)

㋐ 　　　㋑ 　　　㋒

(1) (　　　)　　　(2) (　　　)

2 音声を聞き、それぞれの人物の行きたい国を㋐〜㋒から、そこでできることを①〜③から選び、（　　）に記号を書きましょう。

🔊 トラック66

技能　1つ5点(30点)

(1) 　　　(2) 　　　(3)

Yuta　　　　　　　Saki　　　　　　　Kate

行きたい国(　　　)　　行きたい国(　　　)　　行きたい国(　　　)

できること(　　　)　　できること(　　　)　　できること(　　　)

㋐ 　　　㋑ 　　　㋒

① 　　　② 　　　③

ふりかえり 🐼 **②** が分からないときは、36・38ページにもどって確認してみよう。

③ 日本文に合う英語の文になるように、□□□の中から語を選び、□□□に書き、文全体をなぞりましょう。文の最初の文字は大文字で書きましょう。

（1）あなたはどこに行きたいですか。

□□□□□ do you □□□□□ to go?

（2）あなたは美術館を訪問することができます。

You □□□□□ □□□□□ a museum.

（3）（（2）に続けて）それは人気があります。

□□□□□ popular.

> want　　where　　visit　　it's　　can

④ 絵の内容に合うように、行きたい国とそこで見られるものについて伝える文を□□□の中から選び、□□□に書きましょう。

（1）行きたい国

（2）見られるもの

> I want to go to Australia.　　You can see the Rio Carnival.
>
> I want to go to Brazil.　　You can see koalas.

Unit 4
Let's see the world. ③

めあて
行きたい国について伝え合うことができる

教科書　38〜45ページ

行きたい国についての伝え方

 音声を聞き、声に出してみましょう。　　🔊 トラック67〜68

レッツ　ゴウ　トゥー　フランス
Let's go to France.
フランスに行きましょう。
フランス　イズ　ア　ナイス　カントゥリィ
France is a nice country.
フランスはすてきな国です。

せつめい　つたえる　Let's go to 〜.　で、「〜に行きましょう。」と相手をさそうことができます。
ここでの「〜」には、国を表す言葉が入ります。
〜 is a nice country.　で、「〜はすてきな国です。」と伝えることができます。
ここでの「〜」には、国を表す言葉が入ります。

 音声を聞き、英語の言葉を言いかえて、文を読んでみましょう。　🔊 トラック69〜70

Let's go to France **.**

いいかえよう　国を表す言葉

 □Japan（日本）

□the U.K.（イギリス）

□Egypt（エジプト）

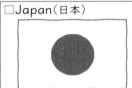 □Singapore（シンガポール）

□Spain（スペイン）

□Germany（ドイツ）

 □Russia（ロシア）

□Turkey（トルコ）

□Korea（韓国）

ワンポイント
Let's 〜. は「〜しましょう。」という意味で相手をさそう言い方だよ。

これを知ったら
ワンダフル！
the U.K.は
the United Kingdom
の頭文字をとって略したものだよ。

 **France is a nice country.**

 ▶ 小冊子のp.4〜5で、もっと言葉や表現を学ぼう！

ぴったりクイズ　答えはこのページの下にあるよ！

2023年までで日本を訪れた観光客の数の最高記録は2019年の約3,200万人だけれど、どこの国からの人が最も多かったかな？

教科書　38〜45ページ

　英語をなぞり、声に出してみましょう。

できたらチェック！　書く　話す □ □

□日本

Japan

□イギリス

the U.K.

□エジプト

Egypt

□ロシア

Russia

ヒント
the U.K. は文の途中でも .（ピリオド）を忘れずに書こう。ただし、文の最後にくるときは 〜 the U.K.. のようにピリオドを重ねず、〜 the U.K. とするよ。

□韓国

Korea

□トルコ

Turkey

□ドイツに行きましょう。

Let's go to Germany.

□シンガポールに行きましょう。

Let's go to Singapore.

□スペインはすてきな国です。

Spain is a nice country.

▶読み方が分からないときは、左のページにもどって音声を聞いてみましょう。

　行きたい国について、伝えてみましょう。

できたらチェック！　書く　話す □ □

Let's go to ＿＿＿＿＿＿＿.

＿＿＿＿＿＿＿ is a nice country.

つたえるコツ
強調したい言葉は少しゆっくり発音するといいよ。

▶あてはめる英語は、左のページや付録の小冊子、教科書や辞書などから探してみよう！

🎤自分の伝えたいことを、だれかに聞いてもらおう！

ぴったりクイズの答え　中国だよ。
2位が韓国、3位が台湾。アジアからの客が80％を占めていたんだよ。

43

Unit 4-②
Let's see the world.

時間 **30** 分

／100

合格 **80** 点

教科書 38～45 ページ 答え 7 ページ

1 音声を聞き、話題になっている国を⑦～⑦から選び、（ ）に記号を書きましょう。

🔊 トラック71

技能 1問5点(15点)

⑦ 　　　　⑦ 　　　　⑦

(1) (　　　　) 　　(2) (　　　　) 　　(3) (　　　　)

2 音声を聞き、エレンが紹介している国で見られるものや食べられるものを2つ選び、〇で囲みましょう。

🔊 トラック72

技能 1つ15点(30点)

エレン

ふりかえり ② が分からないときは、38・42ページにもどって確認してみよう。

3 日本文に合う英語の文になるように、[　　　]の中から語を選び、[　　]に書き、文全体をなぞりましょう。

1つ5点（25点）

(1) わたしはエジプトに行きたいです。

I [　　] [　　] go to [　　].

(2) イギリスはすてきな国です。

The U.K. [　　] a [　　] country.

```
Egypt     to     is     nice     want
```

4 ショウタになったつもりで、表の内容に合うように、行きたい国について伝える文を、[　　　]の中から３つ選び、[　　]に１つずつ書きましょう。

思考・判断・表現　1問10点（30点）

ショウタ

行きたい国	見られるものとその特徴	
(1) ブラジル	(2) リオのカーニバル	(3) 色あざやか

(1)

(2)

(3)

```
Let's go to Brazil.     It's delicious.     It's colorful.

You can see the Rio Carnival.     You can buy a dress.
```

Unit 5
Where is it from? ①

身の回りのものの生産国の伝え方

ききトリ　音声を聞き、声に出してみましょう。　トラック73〜74

ズィス　イズ　マイ　スウェタァ
This is my sweater.
これはわたしのセーターです。
イッツ　フラム　ヌ(ー)　ズィーランド
It's from New Zealand.
それはニュージーランド産です。

せつめい　**つたえる**　This is my 〜．で、「これはわたしの〜です。」と自分の持ち物などを紹介することができます。ここでの「〜」には、衣類などの身の回りのものを表す言葉が入ります。
It's from 〜．で、「それは〜産です。」と生産国や生産地を伝えることができます。ここでの「〜」には、国や場所を表す言葉が入ります。

ききトリ　音声を聞き、英語の言葉を言いかえて、文を読んでみましょう。　トラック75〜78

This is my ⟨sweater⟩.

いいかえよう　衣類(clothes)を表す言葉

□shirt(シャツ)
□T-shirt(Tシャツ)

□uniform(制服)
□sweatshirt(トレーナー)

□cap((ふちのない)ぼうし)
□hat((ふちのある)ぼうし)

ワンポイント
This is 〜.は「これは〜です。」という意味で、近くにあるものを紹介するときの表現だよ。

It's from ⟨New Zealand⟩.

いいかえよう　国を表す言葉

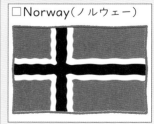
□Norway(ノルウェー)
□Thailand(タイ)

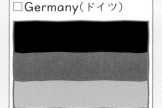
□Germany(ドイツ)
□Japan(日本)

□China(中国)
□Vietnam(ベトナム)

これを知ったらワンダフル!
2つ以上のものやpants(ズボン)、gloves(手ぶくろ)、shoes(靴)などを紹介するときは、This is 〜.の代わりにThese are 〜.(これらは〜です。)、It's from 〜.の代わりにThey are from 〜.(それらは〜産です。)を使うよ。
(例)
These are my pants.
They are from Vietnam.

　▶ 小冊子のp.4〜7、30〜31で、もっと言葉や表現を学ぼう!

ぴったりクイズ 答えはこのページの下にあるよ！

2022年の繊維製品の輸入先ランキングで中国はダントツでトップだけれど、2位はどの国か分かるかな？
① ベトナム　② インドネシア　③ バングラデシュ

教科書 48〜55ページ

かきトリ 英語をなぞり、声に出してみましょう。

できたらチェック！ 書く 話す □ □

□セーター

sweater

□（ふちのない）ぼうし

cap

□制服

uniform

□シャツ

shirt

ヒント
T-shirt は -（ハイフン）を忘れずに書こう。また、T は常に大文字だよ。

□トレーナー

sweatshirt

□Tシャツ

T-shirt

□ドイツ

Germany

□中国

China

□これはわたしの（ふちのある）ぼうしです。

This is my hat.

□それはベトナム産です。

It's from Vietnam.

▶読み方が分からないときは、左のページにもどって音声を聞いてみましょう。

やりトリ 身の回りのものの生産国について、伝えてみましょう。

できたらチェック！ 書く 話す □ □

This is my _____.

It's from _____.

つたえるコツ
国名を言うときは、英語と日本語での発音のちがいに注意しよう。

▶あてはめる英語は、左のページや付録の小冊子、教科書や辞書などから探してみよう！

🔍自分の伝えたいことを、だれかに聞いてもらおう！

ぴったりクイズの答え ①　3位は③、4位は②であまり差がないよ。7位のイタリア以外、トップ10はアジアの国々が占めているんだ。

ぴったり③
確かめのテスト

Unit 5-①
Where is it from?

時間 **30** 分

／100

合格 **80** 点

教科書 48〜55 ページ ／ 答え 8 ページ

1 音声を聞き、それぞれの人物が紹介しているものを㋐〜㋒から選び、（　　）に記号を書きましょう。

🔊 トラック79

技能 1問10点(20点)

(1) (　　　　) (2) (　　　　)

2 音声を聞き、それぞれの人物が紹介しているものと、その生産国を線で結びましょう。

🔊 トラック80

技能 1問完答10点(30点)

(1)
Rina

(2)
Lucas

(3)
Kenji

Japan

China

Vietnam

ふりかえり **②**が分からないときは、46ページにもどって確認してみよう。

3 日本文に合う英語の文になるように、□□□□の中から語を選び、□□□□に書き、文全体をなぞりましょう。文の最初の文字は大文字で書きましょう。

1つ10点（30点）

(1) これはわたしのセーターです。

□□□□ is □□□□ sweater.

(2) （(1)に続けて）それはドイツ産です。

It's □□□□ Germany.

> this　　　from　　　my

4 ハルトは自分の身に着けているものについて発表するために、下の表を作りました。表の(1)・(2)の内容を伝える文を□□□□の中から選び、□□□□に書きましょう。

思考・判断・表現　1問10点（20点）

ハルト

(1) 紹介するもの	(2) 生産国
ぼうし	アメリカ

(1)

(2)

> This is my sweatshirt.　　　It's from America.
>
> This is my cap.　　　It's from the U.K.

49

Unit 5
Where is it from? ②

◎めあて
アルファベットの略語について、たずねたり答えたりすることができる

📖 教科書　**48～55 ページ**

アルファベットの略語についてのたずね方 / 答え方

ききトリ 🎧 音声を聞き、声に出してみましょう。　🔊 トラック81～82

（ゲス　（フ）ワット）
Guess what?
何だと思いますか。

COT sandwich

（スィー イズ フォー　チキン）
C is for chicken.
Cはchicken（とり肉）を表しています。

せつめい　**たずねる**　Guess what? で、「何だと思いますか。」と相手にたずねたり、クイズを出すように「当ててみてください。」と相手に言ったりすることができます。

こたえる　... is for ～. で、「…は～を表しています。」とアルファベットの略語を説明することができます。ここでの「～」には、アルファベットに対応する言葉が入ります。

ききトリ 🎧 音声を聞き、英語の言葉を言いかえて、文を読んでみましょう。　🔊 トラック83～84

Guess what?

🐾 BLT sandwichのBLTについて、何の略語かを伝えるとき

B is for bacon .

いいかえよう 🗣　野菜（vegetable）を表す言葉

□lettuce（レタス）
L

□tomato（トマト）
T

🐕 **ワンポイント**
英語では略語は大文字で書かれることが多いよ。また、the U.K.（＝the United Kingdom）のように、.（ピリオド）が使われるものもあるよ。

🐶 これを知ったら **ワンダフル！**
Guess what?のように、相手に何かを推測（すいそく）してほしいときに使う表現には、ほかにCan you guess?もあるよ。

🐾 HBについて、何の略語かを伝えるとき

H is for hard .

いいかえよう 🗣　色（color）を表す言葉

□black（黒）
B

🐾 NGについて、何の略語かを伝えるとき

N is for no .

いいかえよう 🗣　感想を表す言葉

□good（良い）
G

練習

？ぴったりクイズ　答えはこのページの下にあるよ！

アメリカでよく使われるFamという略語は、どんな意味か分かるかな？
① 女性　② とても親しい人　③ アイドル

📖教科書　48〜55ページ

 英語をなぞり、声に出してみましょう。　できたらチェック！ □書く □話す

□ベーコン

bacon

□レタス

lettuce

ヒント

lettuce は t を 2 つ重ねて書くことに注意しよう。

□トマト

tomato

□とり肉

chicken

□サンドイッチ

sandwich

□かたい

hard

□黒

black

□少しも…ない

no

□良い

good

□何だと思いますか。

Guess what?

□Lはlettuce（レタス）を表しています。

L is for lettuce.

▶ 読み方が分からないときは、左のページにもどって音声を聞いてみましょう。

 略語の意味を考えて、伝えてみましょう。　できたらチェック！ □書く □話す

Guess what?

_____ is for _____ .

😺つたえるコツ😺

Guess what?と言うときは、文末を下げ調子にするよ。

▶あてはめる英語は、左のページや付録の小冊子、教科書や辞書などから探してみよう！

🎤答える練習ができたら、次はだれかに質問してみよう！

ぴったりクイズの答え　② Familyの略で、家族だけでなく、親友や心から信頼できる人のことを表すよ。

ぴったり **1**
準備

Unit 5
Where is it from? ③

学習日　月　日

◎めあて
身の回りのものの生産国とその国がある州を伝え合うことができる

📖教科書　48〜55ページ

身の回りのものの生産国についての伝え方

ききトリ 🎧 音声を聞き、声に出してみましょう。　🔊トラック85〜86

マイ　スウェタァ　イズ　フラム　ヌ(ー)　ズィーランド
My sweater is from New Zealand.
わたしのセーターはニュージーランド産です。
ヌ(ー)　ズィーランド　イズ　イン　オウシアニア
New Zealand is in Oceania.
ニュージーランドはオセアニアにあります。

せつめい つたえる … is from 〜. で、「…は〜産です。」と身の回りのものの生産国や生産地を伝えることができます。ここでの「〜」には、国や場所を表す言葉が入ります。
… is in 〜. で、「…は〜にあります。」と伝えることができます。
ここでの「〜」には、州や地域を表す言葉が入ります。

ききトリ 🎧 音声を聞き、英語の言葉を言いかえて、文を読んでみましょう。　🔊トラック87〜90

My sweater is from New Zealand .

いいかえよう 国を表す言葉

□Korea(韓国)

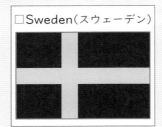
□Sweden(スウェーデン)

□Canada(カナダ)

□Brazil(ブラジル)　□Ghana(ガーナ)

ワンポイント
inは「〜の中に」という意味で、場所を表す言葉だよ。

New Zealand is in Oceania .

いいかえよう 州を表す言葉

□Asia(アジア)

□Europe(ヨーロッパ)

□North America(北アメリカ)

□South America(南アメリカ)　□Africa(アフリカ)

これを知ったら
ワンダフル！
世界には全部で196の国家があり、世界は大きく6つの州に区分されているよ。

 ▶小冊子のp.4〜5、14〜17で、もっと言葉や表現を学ぼう！

ぴったりクイズ 答えはこのページの下にあるよ！
ガーナの日本大使館で、2015年から現地の人向けに行われている教室は何の教室かな？
① 将棋　　② 剣道　　③ 落語

📖 教科書　48〜55ページ

かきトリ 英語をなぞり、声に出してみましょう。

 できたらチェック！ □書く □話す

□スウェーデン
Sweden

□ガーナ
Ghana

💡ヒント
Europe は Eu のつづりに注意しよう。

□カナダ
Canada

□ヨーロッパ
Europe

□オセアニア
Oceania

□北アメリカ
North America

□南アメリカ
South America

□アフリカ
Africa

□わたしのTシャツは韓国産です。
My T-shirt is from Korea.

□韓国はアジアにあります。
Korea is in Asia.

▶ 読み方が分からないときは、左のページにもどって音声を聞いてみましょう。

やりトリ 身の回りのものの生産国と、その国がある州を伝えてみましょう。

 できたらチェック！ □書く □話す

My _____ is from _____.
_____ is in _____.

▶ あてはめる英語は、左のページや付録の小冊子、教科書や辞書などから探してみよう！

🐶 **つたえるコツ**
国や州の名前を言うときは、英語と日本語での発音のちがいに注意しよう。

🎤 自分の伝えたいことを、だれかに聞いてもらおう！

ぴったりクイズの答え ②　当時の大使である吉村さんが始めたのがきっかけで、剣道大会も行われるようになっているんだ。

Unit 5-②
Where is it from?

時間 **30** 分

／100

合格 **80** 点

教科書　48〜55 ページ　　答え　9 ページ

1 音声を聞き、内容に合う絵を㋐〜㋒から選び、（　　　）に記号を書きましょう。

🔊 トラック91

技能　1問5点（10点）

 ㋐

Thailand

㋑
Germany

㋒
Norway

（1）（　　　　　）　　（2）（　　　　　）

2 音声を聞き、エマが好きなサンドイッチの具材をすべて選び、〇で囲みましょう。

🔊 トラック92

技能　1つ10点（30点）

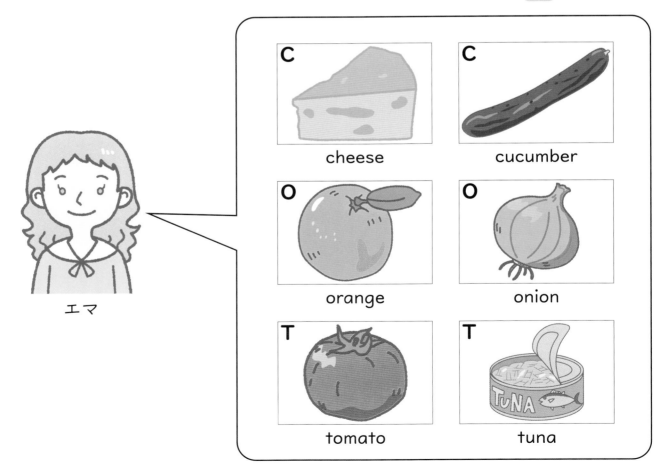

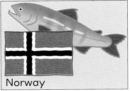
エマ

C cheese
C cucumber
O orange
O onion
T tomato
T tuna

ふりかえり 🐶 **2** が分からないときは、50ページにもどって確認してみよう。

3 日本文に合う英語の文になるように、　　　　の中から語を選び、　　　に書き、文全体をなぞりましょう。文の最初の文字は大文字で書きましょう。

1つ10点（30点）

(1) 何だと思いますか。

what?

(2) わたしのチョコレートはガーナ産です。

chocolate is 　　　　 Ghana.

from　　　my　　　guess

4 マサトは下の絵の順番で自分の身の回りのものについて発表します。それぞれの絵に合う文を　　　　の中から選び、　　　に書きましょう。

思考・判断・表現　1問10点（30点）

(1)　　　(2)　　　(3)

(1)

(2)

(3)

It's from Canada.　　　This is my pencil case.

Canada is in North America.

ぴったり ① 準備

3分でまとめ

Unit 6
Save the animals. ①

学習日 　月　　日

めあて
生き物の暮らす場所をたずねたり答えたりすることができる

教科書 60〜67ページ

生き物の暮らす場所のたずね方 / 答え方

きCきトリC 音声を聞き、声に出してみましょう。 🔊トラック93〜94

（フ）ウェア　ドゥ　パンダズ　リヴ
Where do pandas live?
パンダはどこで暮らしていますか。

パンダズ　リヴ　イン　フォーレスツ
Pandas live in forests.
パンダは森で暮らしています。

せつめい　たずねる　Where do 〜 live? で、「〜はどこで暮らしていますか。」とたずねることができます。
ここでの「〜」には、生き物を表す言葉が入ります。

こたえる　... live in 〜. で、「…は〜で暮らしています。」と答えることができます。
ここでの「〜」には、自然の場所を表す言葉が入ります。

きCきトリC 音声を聞き、英語の言葉を言いかえて、文を読んでみましょう。 🔊トラック95〜98

Where do pandas live?

いいかえよう　生き物を表す言葉

□elephants(ゾウ)
□giraffes(キリン)
□jellyfish(クラゲ)
□gorillas(ゴリラ)
□tigers(トラ)
□coral reefs(サンゴ礁)

ワンポイント

ある1種類の生き物全体のことを言うときは、その生き物を表す言葉の最後にsをつけるけれど、jellyfish(クラゲ)のようにsをつけないものもあるから注意しよう。

Pandas live in forests.

いいかえよう　自然の場所を表す言葉

□the rainforest(熱帯雨林)
□the savanna(サバンナ)
□the sea(海)
□the mountain(山)
□the river(川)
□the lake(湖)

これを知ったら
ワンダフル!

「氷上で暮らしている」はlive on the iceと言うよ。
(例)
Penguins live on the ice.
(ペンギンは氷上で暮らしています。)

？ ぴったりクイズ　答えはこのページの下にあるよ！

絶滅したとされていたシーラカンスが、最初に生きて見つかったのはどこの国かな？　①　ブラジル　②　インドネシア　③　南アフリカ

📖 教科書　60〜67 ページ

かきトリ　英語をなぞり、声に出してみましょう。

できたらチェック！ 書く □ 話す □

□トラ

tigers

□キリン

giraffes

ヒント
elephants の ph のつづりと発音に気をつけよう。

□サンゴ礁

coral reefs

□ゾウ

elephants

□クラゲ

jellyfish

□サバンナ

savanna

□海

sea

□熱帯雨林

rainforest

□川

river

□パンダはどこで暮らしていますか。

Where do pandas live?

□ゴリラは森で暮らしています。

Gorillas live in forests.

▶読み方が分からないときは、左のページにもどって音声を聞いてみましょう。

やりトリ　生き物の名前と暮らす場所を書いて、声に出してみましょう。 できたらチェック！ 書く □ 話す □

Where do [　　　　　] live?

[　　　　　] live in [　　　　　].

つたえるコツ
live in のあとに続ける、生き物の暮らす場所を表す言葉を強く読むようにしよう。

▶あてはめる英語は、左のページや付録の小冊子、教科書や辞書などから探してみよう！

🎤練習できたら、次はだれかに質問してみよう！

ぴったりクイズの答え　③　1938年に南アフリカで見つかってから、今までに数百匹がアフリカやインドネシアで見つかっているよ。

Unit 6
Save the animals. ②

めあて
救いたい生き物を伝え合うことができる

教科書　60〜67 ページ

救いたい生き物の伝え方

ききトリ　音声を聞き、声に出してみましょう。　🔊 トラック99〜100

レッツ　セイヴ　ザ　スィー　タートゥルズ
Let's save the sea turtles.
ウミガメを救いましょう。

せつめい　つたえる　Let's save the 〜.　で、「〜を救いましょう。」と伝えることができます。
ここでの「〜」には生き物を表す言葉が入ります。

ききトリ　音声を聞き、英語の言葉を言いかえて、文を読んでみましょう。　🔊 トラック101〜102

Let's save the sea turtles .

いいかえよう　生き物を表す言葉

□penguins(ペンギン)

□birds(鳥)

□lions(ライオン)

□whales(クジラ)

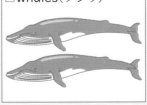

□dolphins(イルカ)

□fish(魚)

□dragonflies(トンボ)

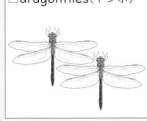

□butterflies(チョウ)

□stag beetles
(クワガタムシ)

 ワンポイント

英語では、2人以上の人や2つ以上のもののことを言うとき、ふつう、その人やものを表す言葉の最後にsをつけるけれど、fish(魚)のように、sをつけないものもあるから注意しよう。

これを知ったら
ワンダフル！

dragonfly(トンボ)、butterfly(チョウ)は2匹以上のとき、dragonflies、butterfliesのように、yをiに変えてesをつけるよ。

？ぴったりクイズ　答えはこのページの下にあるよ！
地球上には約3,000万種の生き物がいると言われているけれど、現在日本ではどのくらいの生き物が絶滅の危機にあるのだろう？
① 約37種　　② 約370種　　③ 約3,700種

📖教科書　60〜67ページ

かきトリ　英語をなぞり、声に出してみましょう。

できたらチェック！　書く □　話す □

□ライオン
lions

□ペンギン
penguins

ヒント
penguin の ui のつづりに注意しよう！

□鳥
birds

□クジラ
whales

□ウミガメ
sea turtles

□トンボ
dragonflies

□チョウ
butterflies

□クワガタムシ
stag beetles

□イルカを救いましょう。
Let's save the dolphins.

□魚を救いましょう。
Let's save the fish.

▶ 読み方が分からないときは、左のページにもどって音声を聞いてみましょう。

やりトリ　救いたい生き物を伝えてみましょう。

できたらチェック！　書く □　話す □

Let's save the _____ .

つたえるコツ
相手に気持ちが伝わるようにジェスチャーや表情にも気をつけよう。

▶ あてはめる英語は、左のページや付録の小冊子、教科書や辞書などから探してみよう！

🎤 自分の伝えたいことを、だれかに聞いてもらおう！

ぴったりクイズの答え　③　土地開発や化学物質、外来種、地球環境の変化など、さまざまなことが原因になっているんだ。

ぴったり3
確かめのテスト

Unit 6-①
Save the animals.

時間 30分

／100

合格 80点

教科書 60〜67ページ ＞ 答え 10ページ

1 音声を聞き、話題になっている生き物を表している絵を㋐〜㋒から選び、（　　）に記号を書きましょう。

🔊 トラック103

技能 1問10点（20点）

㋐

㋑
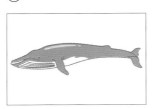

㋒

(1) （　　　） (2) （　　　）

2 音声を聞き、それぞれの人物が救いたい生き物を㋐〜㋒から、その生き物の暮らす場所を①〜③から選び、（　　）に記号を書きましょう。

🔊 トラック104

技能 1つ5点（30点）

(1)

Ryota

(2)

Hana

(3)
Nick

救いたい生き物（　　　） 　救いたい生き物（　　　） 　救いたい生き物（　　　）

暮らす場所　（　　　） 　暮らす場所　（　　　） 　暮らす場所　（　　　）

㋐

㋑

㋒

①

②

③

3 日本文に合う英語の文になるように、☐の中から語を選び、☐に書き、文全体をなぞりましょう。文の最初の文字は大文字で書きましょう。

1つ6点（30点）

(1) ウミガメはどこで暮らしていますか。

☐ do sea turtles ☐ ?

(2) ((1)に答えて)ウミガメは海で暮らしています。

Sea turtles live ☐ the sea.

(3) パンダを救いましょう。

☐ ☐ the pandas.

let's　where　live　in　save

4 絵の内容に合うように、救いたい生き物や生き物の暮らす場所について伝える文を、☐の中から選び、☐に書きましょう。

思考・判断・表現　1問10点（20点）

(1)救いたい生き物

(2)生き物の暮らす場所

Let's save the butterflies.　Gorillas live in forests.

Let's save the elephants.　Lions live in the savanna.

61

ぴったり1 準備

3分でまとめ

Unit 6
Save the animals. ③

生き物がかかえている問題や自分たちにできることの伝え方

 音声を聞き、声に出してみましょう。　　🔊 トラック105〜106

プラスティック　イズ　ア　ビッグ　プラ(ー)ブレム
Plastic is a big problem.
プラスチックは大きな問題です。

ウィー　キャン　ユーズ　イーコウフレンドリィ　バッグズ
We can use eco-friendly bags.
わたしたちはエコバッグを使うことができます。

せつめい **つたえる** 〜 is a big problem. で、「〜は大きな問題です。」と生き物がかかえている問題を伝えることができます。ここでの「〜」には、環境問題やその原因となるものなどを表す言葉が入ります。

We can 〜. で、「わたしたちは〜をすることができます。」と伝えることができます。ここでの「〜」には、環境問題を解決するためにできることを表す言葉が入ります。

 音声を聞き、英語の言葉を言いかえて、文を読んでみましょう。　🔊 トラック107〜110

Plastic is a big problem.

いいかえよう 生き物がかかえている問題を表す言葉

□forest loss
（森林がなくなること）

□global warming
（地球温暖化）

□hunting（狩猟）

□overfishing（魚の乱獲）　□air pollution（大気汚染）

ワンポイント
global warmingは
global（地球の、世界的
な）とwarming（暖まる
こと）が合わさった言
葉だよ。

We can use eco-friendly bags.

いいかえよう 環境問題を解決するためにできることを表す言葉

□plant trees
（木を植える）

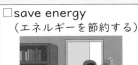
□save energy
（エネルギーを節約する）

□reuse plastic bags
（ビニール袋を再利用する）

□refuse plastic bags
（ビニール袋をことわる）

□reduce garbage
（ごみをへらす）

□recycle newspaper
（新聞紙を再生利用する）

これを知ったら ワンダフル！
〜-friendlyという形の
言葉は「〜にやさしい」
「〜にとって都合が良
い」といった意味を表
すよ。eco-friendlyは
「環境にやさしい」とい
う意味だから、eco-
friendly bagで「エコ
バッグ」という意味に
なるよ。

？ぴったりクイズ　答えはこのページの下にあるよ！

サンゴは海にどんな恩恵をもたらしているのかな？　答えは1つとは限らないよ。
① 二酸化炭素を吸収する　　② 魚のすみかとなる　　③ 海を浄化する

📖 教科書　60〜67 ページ

かきトリ🎵　英語をなぞり、声に出してみましょう。

 できたらチェック！ 書く 話す □ □

□地球温暖化

global warming

□狩猟

hunting

□大気汚染

air pollution

💡ヒント

hunting は、hunt（狩猟する）に ing がついた形だね。

□エネルギーを節約する

save energy

□ごみをへらす

reduce garbage

□ビニール袋を再利用する

reuse plastic bags

□森林がなくなることは大きな問題です。

Forest loss is a big problem.

□わたしたちは木を植えることができます。

We can plant trees.

▶読み方が分からないときは、左のページにもどって音声を聞いてみましょう。

やりトリ🎵　生き物がかかえている問題と、それを解決するためにできることを伝えてみましょう。 できたらチェック！ 書く 話す □ □

_____ is a big

problem.

We can _____ .

😊つたえるコツ😊

ほかにも知っている動作を表す言葉を使ってできることを考えて言ってみよう！

▶あてはめる英語は、左のページや付録の小冊子、教科書や辞書などから探してみよう！

🎤自分の伝えたいことを、だれかに聞いてもらおう！

ぴったりクイズの答え　①②③　全部だよ。サンゴの減少は海だけでなく地球全体にも悪影響をおよぼす恐れがあるんだ。

ぴったり3
確かめのテスト

Unit 6-②
Save the animals.

時間 30分
／100
合格 80点

教科書　60〜67ページ　答え　11ページ

1 音声を聞き、話題になっている生き物を表している絵を⑦〜⑦から選び、（　　）に記号を書きましょう。

🔊トラック111

技能　1問10点(20点)

⑦
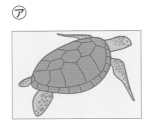

⑦

⑦

(1) (　　　　)　　(2) (　　　　)

2 音声を聞き、ミナミが話題にしている生き物やその生き物がかかえている問題、それを解決するためにみんなでできることを表している絵をすべて選び、〇で囲みましょう。

🔊トラック112

技能　1つ10点(30点)

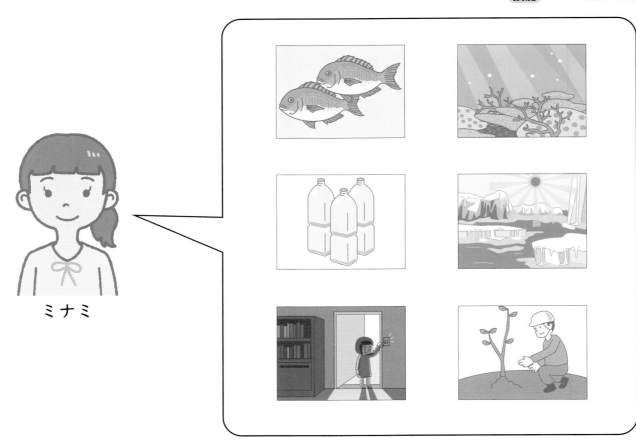

ミナミ

ふりかえり　②が分からないときは、56・62ページにもどって確認してみよう。

64

3 日本文に合う英語の文になるように、□□□□の中から語を選び、□□に書き、文全体をなぞりましょう。

1つ5点(20点)

(1) パンダはどこで暮らしていますか。

Where □□□□ pandas □□□□ ?

(2) わたしたちはエコバッグを使うことができます。

We □□□□ □□□□ eco-friendly bags.

can　　do　　use　　live

4 リナは森林で暮らす生き物について調べ、下の表を作って発表しました。表の内容をもとにリナが言ったと考えられる文を、□□□□の中から選び、□□□□に書きましょう。

思考・判断・表現　1問10点(30点)

リナ

救いたい生き物	その生き物がかかえている問題	解決策
(1) トラ	(2) 森林がなくなること	(3) 木を植える

(1) _____

(2) _____

(3) _____

We can plant trees.　　Let's save the tigers.

Forest loss is a big problem.

ぴったり① 準備 3分でまとめ

Unit 7
My Best Memory ①

学習日 月 日

めあて
小学校生活の一番の思い出をたずねたり答えたりすることができる

教科書 72〜79ページ

一番の思い出のたずね方 / 答え方

きぎトリ 音声を聞き、声に出してみましょう。
トラック113〜114

(フ)ワッツ ユア ベスト メモリィ
What's your best memory?
あなたの一番の思い出は何ですか。

マイ ベスト メモリィ イズ アウア フィールド トゥリップ
My best memory is our field trip.
わたしの一番の思い出は遠足です。

せつめい

たずねる What's your best memory? で、「あなたの一番の思い出は何ですか。」とたずねることができます。

こたえる My best memory is our 〜. で、「わたしの一番の思い出は〜です。」と答えることができます。ここでの「〜」には、学校行事を表す言葉が入ります。

きぎトリ 音声を聞き、英語の言葉を言いかえて、文を読んでみましょう。
トラック115〜116

What's your best memory?

My best memory is our field trip **.**

いいかえよう 学校行事を表す言葉

□school trip（修学旅行）

□volunteer day（ボランティアの日）

□music festival（音楽祭）

□camping（キャンプ）

□sports day（運動会）

□school festival（学園祭）

□chorus contest（合唱コンクール）

□swimming meet（水泳競技会）

□drama festival（学芸会）

ワンポイント

What'sはWhat isを短くしたものだよ。'（アポストロフィ）を使うと短縮した形を作ることができるよ。
（例）
I am→I'm
it is→it's

これを知ったら ワンダフル！

bestは「一番良い」という意味だよ。
Haru is my good friend.
（ハルはわたしの良い友達です。）
Haru is my best friend.
（ハルはわたしの一番の友達です。）

 小冊子のp.18〜19で、もっと言葉や表現を学ぼう！

？ ぴったりクイズ　答えはこのページの下にあるよ！

アメリカの子供たちの大好きなハロウィーンは、日本のあるものに当てはまるけれど、どれかな？　答えは１つとは限らないよ。
①　こどもの日　　②　お盆　　③　大みそか

教科書　72〜79ページ

かきトリ　英語をなぞり、声に出してみましょう。

できたらチェック！　□書く □話す

□キャンプ

camping

□音楽祭

music festival

□水泳競技会

swimming meet

● ヒント
school の oo は【ウー】と発音するよ。o が２つ続くことに注意しよう。

□学園祭

school festival

□あなたの一番の思い出は何ですか。

What's your best memory?

□わたしの一番の思い出は修学旅行です。

My best memory is our school trip.

□わたしの一番の思い出は運動会です。

My best memory is our sports day.

▶読み方が分からないときは、左のページにもどって音声を聞いてみましょう。

やりトリ　自分はどう答えるかを書いて、声に出してみましょう。

できたらチェック！　□書く □話す

What's your best memory?

My best memory is our

_____ .

● つたえるコツ
学校行事を表す言葉を強く言うと相手に伝わりやすくなるよ。

▶あてはめる英語は、左のページや付録の小冊子、教科書や辞書などから探してみよう！

🔍答える練習ができたら、次はだれかに質問してみよう！

ぴったりクイズの答え　②と③　古代アイルランドでは11月１日が新年に当たり、10月31日は「大みそか」。この日に先祖のたましいが帰って来るとされ、日本の「お盆」のような風習として定着していたよ。

67

Unit 7
My Best Memory ②

◎ めあて
学校行事でしたことを伝え合うことができる

教科書　72〜79 ページ

学校行事でしたことの伝え方

きさとり 音声を聞き、声に出してみましょう。　　◀)) トラック117〜118

ウィー　ウェント　トゥー　トゥダイジ
We went to Todaiji
テンプル
Temple.
わたしたちは東大寺へ行きました。

せつめい　**つたえる**　We 〜. で、「わたしたちは〜しました。」と伝えることができます。
ここでの「〜」には、過去にしたことを表す言葉が入ります。

きさとり 音声を聞き、英語の言葉を言いかえて、文を読んでみましょう。　◀)) トラック119〜120

We went to Todaiji Temple.

いいかえよう　過去にしたことを表す言葉

□went to Kyoto
（京都へ行った）

□saw temples
（寺を見た）

□ate ice cream
（アイスクリームを食べた）

□played on the playground
（運動場で遊んだ）

□played *Do-Re-Mi*
（『ドレミの歌』を演奏した）

□had lunch
（昼食を食べた）

□enjoyed talking
（話すことを楽しんだ）

□enjoyed dancing
（踊ることを楽しんだ）

□enjoyed studying English
（英語を勉強することを楽しんだ）

ワンポイント

過去にしたことを表す言葉を整理しよう。
went（行った）
saw（見た）
ate（食べた）
played（(スポーツなど)をした、演奏した、遊んだ）
had（持っていた、食べた）
enjoyed（楽しんだ）

これを知ったら ワンダフル！

enjoyed（楽しんだ）に動作を表す言葉が続く場合、動作を表す言葉は必ずingのついた形になるよ。
(例)enjoyed dancing

　▶小冊子のp.10〜13で、もっと言葉や表現を学ぼう！

？ ぴったりクイズ　答えはこのページの下にあるよ！
アメリカやイギリスの「パジャマデー」という学校行事は、何をする行事かな？　　①パジャマパーティーを開催する　　②パジャマで授業を受ける　　③パジャマのまま昼寝をする

📖 教科書　72〜79 ページ

かきトリ 🎵　英語をなぞり、声に出してみましょう。

できたらチェック！　書く□ 話す□

□行った

went

□（スポーツなど）をした、演奏した

played

ヒント
ate の a は【エイ】と発音するよ。

□話すこと

talking

□見た

saw

□食べた

ate

□楽しんだ

enjoyed

□寺

temple

□昼食

lunch

□アイスクリーム

ice cream

□運動場

playground

□わたしたちは『ドレミの歌』を演奏しました。

We played Do-Re-Mi.

□わたしたちは踊ることを楽しみました。

We enjoyed dancing.

▶ 読み方が分からないときは、左のページにもどって音声を聞いてみましょう。

やりトリ 🎤　学校行事でしたことを伝えてみましょう。

できたらチェック！　書く□ 話す□

We _____ .

つたえるコツ
at a restaurant（レストランで）などの具体的な情報を付け加えると会話がはずむよ。

▶ あてはめる英語は、左のページや付録の小冊子、教科書や辞書などから探してみよう！

🎤 自分の伝えたいことを、だれかに聞いてもらおう！

ぴったりクイズの答え　②　学校にパジャマで登校して、いつもとはちがう雰囲気を楽しむんだよ。

Unit 7
My Best Memory ③

◎ めあて
小学校生活の一番の思い出について、感想をたずねたり答えたりすることができる

📖 教科書　72〜79 ページ

感想のたずね方 / 答え方

 音声を聞き、声に出してみましょう。　🔊 トラック121〜122

How was Todaiji Temple?
（ハウ　ワズ　トウダイジ　テンプル）
東大寺はどうでしたか。

It was old and great.
（イット　ワズ　オウルド　アンド　グレイト）
それは古くてすばらしかったです。

せつめい
たずねる How was 〜? で、「〜はどうでしたか。」とたずねることができます。
ここでの「〜」には、相手が見たものや食べたものなどを表す言葉が入ります。
こたえる It was 〜. で、「それは〜でした。」と答えることができます。
ここでの「〜」には、感想や様子を表す言葉が入ります。

 音声を聞き、英語の言葉を言いかえて、文を読んでみましょう。　🔊 トラック123〜126

How was Todaiji Temple ?

いいかえよう 建物、食べ物(food)、趣味(しゅみ)を表す言葉

□the car factory(車工場)
□the castle(城)

□the ice cream
（アイスクリーム）
□the ramen(ラーメン)

□the dancing(踊(おど)り)
□the movie(映画)

🐶 **ワンポイント**
Todaiji Templeのように、世界に1つしかないしせつや自然のものを表す言葉は、それぞれの単語の最初の文字を大文字にするものが多いよ。
(例)
Lake Biwa(琵琶湖(びわこ))
Tokyo Station(東京駅)

It was old and great .

いいかえよう 感想、様子を表す言葉

□good(良い)
□new(新しい)
□big(大きい)
□small(小さい)

□sweet(あまい)
□salty(塩からい)
□cold(冷たい)
□hot(熱い)

□cool(かっこいい)
□amazing(おどろくほどすばらしい)
□exciting(わくわくさせる)
□beautiful(美しい)

これを知ったら ワンダフル！
2つ以上のものについて感想をたずねたり答えたりするときは、wasの代わりにwereを使うよ。答えの主語はTheyになるよ。
(例)
How were the stars?
(星はどうでしたか。)
They were beautiful.
(それらは美しかったです。)

 ▶ 小冊子(しょうさっし)のp.26〜27で、もっと言葉や表現を学ぼう！

ぴったりクイズ　答えはこのページの下にあるよ！

世界で最初にアイスクリームを食べたのはどの国の人かな？
①　アメリカ　　②　イタリア　　③　中国

教科書　72〜79 ページ

かきトリ　英語をなぞり、声に出してみましょう。

できたらチェック！　書く　話す

□塩からい

salty

□小さい

small

□熱い

hot

□わくわくさせる

exciting

□かっこいい

cool

ヒント

cool の oo は【ウー】と
発音するよ。

□おどろくほどすばらしい

amazing

□美しい

beautiful

□車工場はどうでしたか。

How was the car factory?

□それは新しくて大きかったです。

It was new and big.

□それはあまくて冷たかったです。

It was sweet and cold.

▶読み方が分からないときは、左のページにもどって音声を聞いてみましょう。

やりトリ 　自分は何をたずねるかを書いて、声に出してみましょう。

できたらチェック！　書く　話す

How was _____ ?

つたえるコツ

答えるときは、感想や様子を
表す言葉を意味のちがいに注
意して使い分けよう。

It was great.

▶あてはめる英語は、左のページや付録の小冊子、教科書や辞書などから探してみよう！

🖊自分の知りたいことを、相手に質問してみよう！

ぴったりクイズの答え　③　最も古い記録は紀元前200年頃の中国にあるよ。当時、牛乳と氷を混ぜて凍らせたものを食べていたんだよ。

ぴったり③
確かめのテスト

Unit 7
My Best Memory

時間 **30** 分

／100

合格 **80** 点

📖 教科書　72〜79 ページ　▶答え　12 ページ

1 音声を聞き、それぞれの人物の小学校生活の一番の思い出を⑦〜⑨から選び、（　　）に記号を書きましょう。

🔊 トラック127

技能　1問10点(20点)

⑦

⑦

⑨

（1）（　　　　）　　（2）（　　　　　）

2 音声を聞き、それぞれの人物の小学校生活の一番の思い出とそのときにしたことを線で結びましょう。

🔊 トラック128

技能　1問完答10点(30点)

（1）　　　　　　　　　（2）　　　　　　　　　（3）

Hina　　　　　　　　Sophia　　　　　　　Kazuki

ふりかえり 🐾　❷が分からないときは、66・68ページにもどって確認してみよう。

3 日本文に合う英語の文になるように、□□□の中から語を選び、□に書き、文全体をなぞりましょう。

1つ10点（30点）

(1) わたしたちは和食を食べました。

We _____ Japanese food.

(2) （(1)に続けて）それはとてもおいしかったです。

It _____ _____ .

> delicious　　beautiful　　ate　　was

4 絵の中の人物になったつもりで、次の質問に対する答えの文を□□□の中から選び、□□□に書きましょう。

思考・判断・表現　1問10点（20点）

(1) What's your best memory?

_____

(2) How was it?

_____

> It is interesting.　　My best memory is our camping.
>
> It was exciting.　　We enjoyed swimming.

Unit 8
My Future, My Dream ①

めあて
中学校で入りたい部活動をたずねたり答えたりすることができる

教科書　82〜89ページ

中学校で入りたい部活動のたずね方 / 答え方

ききトリ 音声を聞き、声に出してみましょう。　トラック129〜130

(フ)ワット　クラブ　ドゥ　ユー　ワ(ー)ント　トゥー　ヂョイン
What club do you want to join?
あなたは何部に入りたいですか。

アイ　ワ(ー)ント　トゥー　ヂョイン　ザ　テニス　ティーム
I want to join the tennis team.
わたしはテニス部に入りたいです。

せつめい

たずねる What club do you want to join?　で、「あなたは何部に入りたいですか。」とたずねることができます。

こたえる I want to join the 〜.　で、「わたしは〜に入りたいです。」と答えることができます。ここでの「〜」には、部活動を表す言葉が入ります。

ききトリ 音声を聞き、英語の言葉を言いかえて、文を読んでみましょう。　トラック131〜132

What club do you want to join?

I want to join the tennis team **.**

ワンポイント

want to 〜は「〜したい」という意味だよ。「〜」には動作を表す言葉が入るよ。
(例)
I want to go to America.
(わたしはアメリカに行きたいです。)

いいかえよう　部活動 (club activity) を表す言葉

□soccer team（サッカー部）

□brass band（ブラスバンド部）

□English club（英語部）Hello!

□drama club（演劇部）

□volleyball team（バレーボール部）

□chorus（合唱部）

□science club（理科部）

□cooking club（料理部）

□track and field team（陸上部）

□dance team（ダンス部）

□art club（美術部）

□computer club（コンピューター部）

これを知ったら ワンダフル！

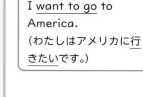

English clubやart clubなどのア・イ・ウ・エ・オの音で始まる言葉の前に置くtheは、【ザ】ではなく、【ズィ】と読むよ。

 小冊子のp.20〜21で、もっと言葉や表現を学ぼう！

学習日　月　日

教科書　82〜89ページ

かきトリ　英語をなぞり、声に出してみましょう。　できたらチェック！ □書く □話す

□ブラスバンド部
brass band

□合唱部
chorus

ヒント
chorus の ch のつづ
りに気をつけよう。

□演劇部
drama club

□美術部
art club

□英語部
English club

□ダンス部
dance team

□あなたは何部に入りたいですか。
What club do you want to join?

□わたしはコンピューター部に入りたいです。
I want to join the computer club.

□わたしは理科部に入りたいです。
I want to join the science club.

▶読み方が分からないときは、左のページにもどって音声を聞いてみましょう。

やりトリ　自分はどう答えるかを書いて、声に出してみましょう。　できたらチェック！ □書く □話す

What club do you want to join?

つたえるコツ
相手が知りたい情報は部活動
名なので、部活動を表す言葉
を強く読むよ。

I want to join the ＿＿＿＿＿＿＿＿＿＿ .

▶あてはめる英語は、左のページや付録の小冊子、教科書や辞書などから探してみよう！

🎤答える練習ができたら、次はだれかに質問してみよう！

ぴったりクイズの答え　①　First Person Shooterは一人称（自分自身の）目線、Third Person Shooterは三人
称（キャラクターの背後での）目線で行うゲームのことなんだ。

75

ぴったり 1
準備

Unit 8
My Future, My Dream
②

学習日
月　日

めあて
将来の夢をたずねたり答えたりすることができる

教科書　82〜89ページ

将来の夢のたずね方 / 答え方

ききトリ 音声を聞き、声に出してみましょう。　🔊 トラック133〜134

（フ）ワット　ドゥ　ユー　ワ（ー）ント　トゥー　ビー
What do you want to be?
あなたは何になりたいですか。

アイ　ワ（ー）ント　トゥー　ビー　ア　ティーチャ
I want to be a teacher.
わたしは先生になりたいです。

せつめい

たずねる What do you want to be?　で、「あなたは何になりたいですか。」とたずねることができます。

こたえる I want to be a[an] 〜.　で、「わたしは〜になりたいです。」と答えることができます。ここでの「〜」には、職業を表す言葉が入ります。

ききトリ 音声を聞き、英語の言葉を言いかえて、文を読んでみましょう。　🔊 トラック135〜136

What do you want to be?

I want to be a teacher **.**

ワンポイント
動作を表す言葉のあとにerをつけると、人を表す言葉になることが多いよ。
（例）
sing（歌う）
→singer（歌手）
bake（（パンなど）を焼く）
→baker（パン焼き職人）

いいかえよう 職業 (job)を表す言葉

□a vet（獣医）	□a doctor（医者）	□an artist（芸術家）	□a singer（歌手）
□a businessperson（実業家）	□a scientist（科学者）	□a baseball player（野球選手）	□a baker（パン焼き職人）
□a programmer（プログラマー）	□an astronaut（宇宙飛行士）	□a comedian（お笑い芸人）	□a cook（コック、料理人）

これを知ったら
ワンダフル!

beは「〜である」、「〜になる」という意味だよ。
I want to be a teacher.
（わたしは先生になりたいです。）

▶小冊子のp.22〜23で、もっと言葉や表現を学ぼう！

学習日
月　　日

ぴったりクイズ　答えはこのページの下にあるよ！

インドのスラム街で貧しい人々への奉仕活動を行ったことで有名な修道女のマザー・テレサが最初についた職業は何かな？
① 看護師　　② 教師　　③ 科学者

📖 教科書　82〜89ページ

かきトリ　英語をなぞり、声に出してみましょう。
できたらチェック！ □書く □話す

□獣医

a vet

□コック、料理人

a cook

□医者

a doctor

□実業家

a businessperson

💡ヒント
doctor の後半の部分は ter ではなく、tor とつづることに気をつけよう。

□プログラマー

a programmer

□芸術家

an artist

□あなたは何になりたいですか。

What do you want to be?

□わたしは野球選手になりたいです。

I want to be a baseball player.

□わたしは宇宙飛行士になりたいです。

I want to be an astronaut.

▶読み方が分からないときは、左のページにもどって音声を聞いてみましょう。

やりトリ　自分はどう答えるかを書いて、声に出してみましょう。
できたらチェック！ □書く □話す

What do you want to be?

I want to be _____.

🐱つたえるコツ🐱
最後にin the future(将来に)をつけることもできるよ。

▶あてはめる英語は、左のページや付録の小冊子、教科書や辞書などから探してみよう！

🎤答える練習ができたら、次はだれかに質問してみよう！

ぴったりクイズの答え　②　マザー・テレサは1979年にノーベル平和賞を受賞したよ。

Unit 8
My Future, My Dream

📖 教科書 82〜89 ページ　⏩ 答え 13 ページ

1 音声を聞き、それぞれの人物のなりたい職業を㋐〜㋒から選び、（　　）に記号を書きましょう。

🔊 トラック137

技能　1問10点(20点)

㋐

㋑

㋒

(1) （　　　　　）　　(2) （　　　　　）

2 音声を聞き、それぞれの人物が入りたい部活動を右のふきだしから選び、〇で囲みましょう。

🔊 トラック138

技能　1問10点(30点)

(1)

Kota

(2)

Aya

(3)

Kumi

ふりかえり　❷が分からないときは、74ページにもどって確認してみよう。

78

3 日本文に合う英語の文になるように、□□□の中から語を選び、□に書き、文全体をなぞりましょう。

1つ5点(20点)

(1) あなたは何になりたいですか。

What ____ you ____ to be?

(2) わたしは料理人になりたいです。

I want to ____ a ____ .

> want　　be　　do　　cook

4 絵の中の人物になったつもりで、入りたい部活動となりたい職業を表す文を□□□の中から選び、□□□に書きましょう。

思考・判断・表現　1問15点(30点)

Hello!

(1) 入りたい部活動

(2) なりたい職業

> I want to join the English club.　　I want to join the brass band.
>
> I want to be a programmer.　　I want to be a businessperson.

パズルにチャレンジ！

 1 絵に合う英語を３つ見つけて○でかこみましょう。

s	l	r	e	p	y	s	k
z	f	u	q	m	l	a	s
b	a	n	e	b	a	l	x
t	v	y	w	d	e	a	c
g	b	m	z	r	i	d	t
u	s	o	c	c	e	r	a

2 絵に合う英語になるように、□にアルファベットを書きましょう。

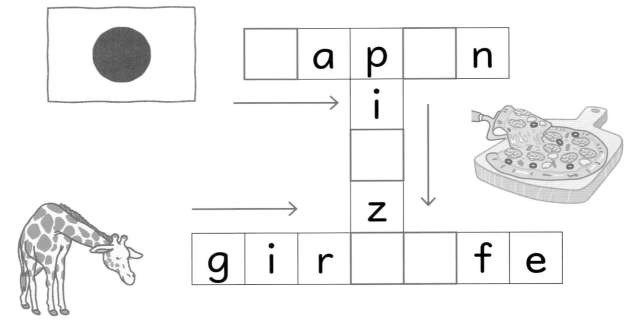

【こたえ】

スピーキングにチャレンジ

 スピーキングアプリ

このマークがあるページで、アプリを使うよ!

はじめに

● この章は、ふろくの専用アプリ「ぴたトレスピーキング」を使用して学習します。
以下のストアから「ぴたトレスピーキング」と検索、ダウンロードしてください。

 Google Play で手に入れよう　 App Store からダウンロード

● 学習する学年をえらんだら、以下のアクセスコードを入力してご利用ください。

６７５　※このアクセスコードは学年によって異なります。

● くわしい使い方は、アプリの中の「このアプリについて」をご確認ください。

アプリのせつめい

● このアプリでは、英語を話す練習ができます。
● 会話のときは、役になりきって、じっさいの会話のようにターンごとに練習することができます。
● スコアは「発音」「よくよう（アクセント）」をもとに判定されます。

スピーキング紙面のせつめい

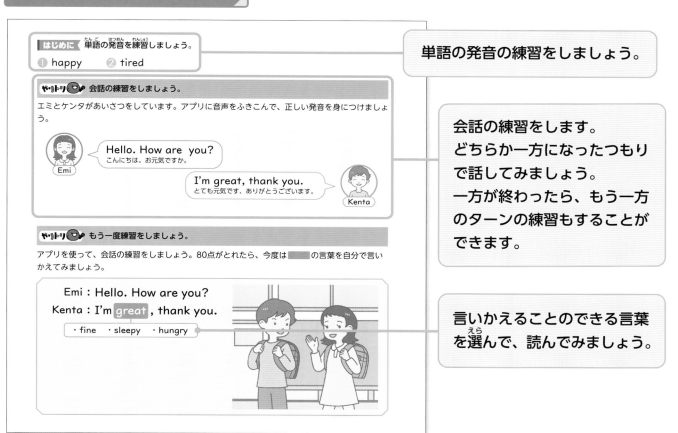

単語の発音の練習をしましょう。

会話の練習をします。
どちらか一方になったつもりで話してみましょう。
一方が終わったら、もう一方のターンの練習もすることができます。

言いかえることのできる言葉を選んで、読んでみましょう。

第1回　自分の大切なものについて言う

スピーキングアプリ

はじめに 単語の発音を練習しましょう。

① fox　　② xylophone　　③ box

やりトリ 会話の練習をしましょう。

エミとケンタがおたがいの宝物について話しています。アプリに音声をふきこんで、正しい発音を身につけましょう。

 Emi

> **What is your treasure?**
> あなたの宝物はなんですか。

 Kenta

> **My treasure is this glove.**
> **It's from my mother.**
> わたしの宝物はこのグローブです。わたしのお母さんからのものです。

 Emi

> **I see. Are you good at playing baseball?**
> なるほど。あなたは野球をするのが得意ですか。

 Kenta

> **Yes, I am.**
> はい、そうです。

やりトリ 発表の練習をしましょう。

教室で行われている発表について、エミになったつもりでアプリを使って練習してみましょう。
80点がとれたら、今度は █████ の言葉を自分で言いかえてみましょう。

Hello, I'm Emi.
I'm from Japan **.**
　　　・Korea　　・the U.S.　　・Kenya
My treasure is my violin **.**
　　　　　・soccer ball　　・shoes　　・bat
I'm interested in music **.**
　　　　・soccer　　・hiking　　・baseball

第2回　毎日の日課について言う

スピーキングアプリ

はじめに 単語の発音を練習しましょう。

① cards　② desks　③ boxes　④ special

やりトリ 会話の練習をしましょう。

エミとケンタがいつもの日課について話しています。アプリに音声をふきこんで、正しい発音を身につけましょう。

Emi

> **What time do you usually go to bed?**
> あなたはふだん何時にねますか。

> **I usually go to bed at 9:00.**
> **What do you do at 5:00?**
> わたしはふだん9時にねます。あなたは5時に何をしますか。

Kenta

Emi

> **I usually walk my dog.**
> わたしはたいていイヌを散歩させます。

> **Oh, that's good.**
> わあ、それはいいですね。

Kenta

やりトリ 発表の練習をしましょう。

教室で行われている発表について、エミになったつもりでアプリを使って練習してみましょう。80点がとれたら、今度は ███ の言葉を自分で言いかえてみましょう。

This is my daily schedule.

I always get up at seven **.**

　・six　・seven thirty　・eight

I usually play tennis at three **.**

　　　・one thirty　・five　・six

I sometimes **go to bed at 9:30 p.m.**

・always　・usually　・never

7:00　起きる
3:00　テニスをする
10:00　ねる
たまに 9:30にねる

83

第3回　過去にしたこととその感想を伝える

スピーキングアプリ

はじめに 単語の発音を練習しましょう。

① favorite　　② enjoyed　　③ watched

やりトリ 会話の練習をしましょう。

エミとケンタが週末したことについて話しています。アプリに音声をふきこんで、正しい発音を身につけましょう。

Emi

How was your weekend?
週末はどうでしたか。

It was great. I went to the beach.
とてもよかったです。わたしはビーチにいきました。

Kenta

Emi

Sounds good!
いいですね！

I enjoyed swimming.
泳ぐのを楽しみました。

Kenta

やりトリ 発表の練習をしましょう。

教室で行われている発表について、エミになったつもりでアプリを使って練習してみましょう。
80点がとれたら、今度は ▆▆▆ の言葉を自分で言いかえてみましょう。

I went to the park with my friends.

・restaurant　　・department store　　・aquarium

I ate takoyaki there.

・ate curry and rice　　・enjoyed shopping　　・saw fish

It was fun.

第4回　行きたい国とその理由を伝える

スピーキング
アプリ

はじめに　単語の発音を練習しましょう。

① cool　　② interesting　　③ visit

やりトリ　会話の練習をしましょう。

エミとケンタが行きたい場所について話しています。アプリに音声をふきこんで、正しい発音を身につけましょう。

Where do you want to go?
あなたはどこにいきたいですか。
Emi

I want to go to Spain.
わたしはスペインに行きたいです。
Kenta

Why?
なぜですか。
Emi

I can see soccer games.
わたしはサッカーの試合を見ることができます。
Kenta

やりトリ　発表の練習をしましょう。

教室で行われている発表について、エミになったつもりでアプリを使って練習してみましょう。
80点がとれたら、今度は ▓▓▓▓ の言葉を自分で言いかえてみましょう。

Let's go to the U.S.
・Australia　・Brazil　・France

You can visit the statue of liberty .
・the Sydney Opera House　・the Rio Carnival　・museums

It's beautiful .
・amazing　・exciting　・great

第5回 生き物について伝える

スピーキングアプリ

はじめに 単語の発音を練習しましょう。

1 whale　　2 owl　　3 ant

やりトリ 会話の練習をしましょう。

エミとケンタがライオンについて話しています。アプリに音声をふきこんで、正しい発音を身につけましょう。

Where do lions live?
ライオンはどこにすんでいますか。

Lions live in savanna.
ライオンはサバンナにすんでいます。

Kenta

Emi

What do lions eat?
ライオンは何を食べますか。

Lions eat zebras.
ライオンはシマウマを食べます。

Kenta

やりトリ 発表の練習をしましょう。

教室で行われている発表について、エミになったつもりでアプリを使って練習してみましょう。
80点がとれたら、今度は ▮▮▮ の言葉を自分で言いかえてみましょう。

Bears live
・Polar bears　・Sea turtles　・Elephants

in the forests .
・on the ice　・in the sea　・in savanna

Forest loss is a big problem.
・Global warming　・Plastics　・Hunting

第6回　一番の思い出を伝える

スピーキング
アプリ

はじめに 単語の発音を練習しましょう。

① volunteer　② evacuation drill

やりトリ 会話の練習をしましょう。

エミとケンタが学校生活の一番の思い出について話しています。アプリに音声をふきこんで、正しい発音を身につけましょう。

Emi

What's your best memory?
あなたの一番の思い出はなんですか。

My best memory is our school trip.
We went to Hokkaido.
We ate delicious seafood.
わたしの一番の思い出は修学旅行です。
わたしたちは北海道に行きました。
わたしたちはおいしい海鮮料理をたべました。

Kenta

やりトリ 発表の練習をしましょう。

教室で行われている発表について、エミになったつもりでアプリを使って練習してみましょう。
80点がとれたら、今度は ███ の言葉を自分で言いかえてみましょう。

My best memory is our chorus contest .

　　・drama festival 　・field trip 　・school trip

We sang songs .

　・played Kaguyahime 　・went to a car factory 　・saw Mt. Fuji

It was great .

　・fun 　・interesting 　・beautiful

第 7 回　将来の夢を伝える

スピーキングアプリ

はじめに 単語の発音を練習しましょう。

1 journalist　　2 researcher　　3 astronaut

やりトリ 会話の練習をしましょう。

エミとケンタが中学で入りたい部活について話しています。アプリに音声をふきこんで、正しい発音を身につけましょう。

Emi

What club do you want to join?
あなたは何の部活にはいりたいですか。

I want to join the baseball team.
わたしは野球チームにはいりたいです。

Kenta

Emi

What do you want to be?
あなたは将来何になりたいですか。

I want to be a baseball player.
わたしは野球選手になりたいです。

Kenta

やりトリ 発表の練習をしましょう。

教室で行われている発表について、エミになったつもりでアプリを使って練習してみましょう。
80点がとれたら、今度は ■ の言葉を自分で言いかえてみましょう。

I like arts and crafts .
・home economics　・music　・animals

I'm good at drawing .
・cooking　・singing　・science

I want to be an artist .
・a chef　・a singer　・a vet

夏のチャレンジテスト

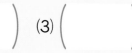

教科書 6〜33ページ

名前

月　日

時間 40分

知識・技能 /50　思考・判断・表現 /50　合格80点 /100

答え14〜15ページ

知識・技能

1 音声の内容に合う絵を下から選び、（　　　）に記号を書きましょう。

🔊トラック139　1問4点（8点）

⑦

①

⑦

(1) (　　　)　(2) (　　　)

2 会話の内容に合う絵を下から選び、（　　　）に記号を書きましょう。

🔊トラック140　1問4点（12点）

(1) ⑦

①

⑦

(2) ⑦

①

⑦

(3) ⑦

①

⑦

(1) (　　　)　(2) (　　　)　(3) (　　　)

夏のチャレンジテスト（表）

7 絵の中の女の子になったつもりで、質問に答えましょう。グレーの部分はなぞり、_____の中から正しい言葉を選び、□に書きましょう。　1問5点（15点）

(1)　What is your treasure?

My treasure is

(2)　What time do you study English?

I study English

(3)　How was your weekend?

It

my bike	my racket
at 7 a.m	at 7 p.m
was delicious	was amazing

8 日本文に合う英語の文になるように、グレーの部分はなぞり、□に言葉を書きましょう。文の最初の文字は大文字で書きましょう。　1問5点（10点）

(1)　わたしはネコが好きです。

(2)　わたしは動物園に行きました。

I

3 音声の内容に合う絵を、下のふきだし内の絵からすべて選び、〇で囲みましょう。

🔊 トラック141 　1つ5点（15点）

4 音声の内容に合うように（　　　）に日本語を書きましょう。

🔊 トラック142 　1問5点（10点）

(1) ブライアンは何をすることが得意ですか。

（　　　　　　　　　　　　　　　）

(2) ブライアンは何曜日に公園へ行きますか。

（　　　　　　　　　　　　　　　）

5 絵の内容に合う言葉を の中から選び、 に書きましょう。

1問5点（15点）

(1)

(2)

(3)

bag　　morning　　saw

6 日本文に合う英語の文になるように、グレーの部分はなぞり、 の中から
言葉を選び、 に書きましょう。

1問5点（15点）

(1)　わたしは泳ぐことが得意です。

I'm good _____ swimming.

(2)　わたしはときどきイヌを散歩させます。

I _____ walk my dog.

(3)　それはわたしの母からです。

It's _____ my mother.

from　　at　　sometimes

☆ 冬のチャレンジテスト

教科書 38～67ページ

名前

月 日

時間 40分

知識・技能	思考・判断・表現	合格80点
/50	/50	/100

答え16～17ページ ▶

知識・技能

1 音声の内容に合う絵を下から選び、（ ）に記号を書きましょう。

🔊 トラック143　　1問4点（8点）

⑦ 　　④ 　　⑨

(1) （　　　）　(2) （　　　）

2 会話の内容に合う絵を下から選び、（ ）に記号を書きましょう。

🔊 トラック144　　1問4点（12点）

(1) ⑦ 　　④ 　　⑨

(2) ⑦ 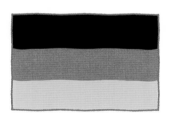　　④ 　　⑨

(3) ⑦ 　　④ 　　⑨

(1) （　　　）　(2) （　　　）　(3) （　　　）

7 絵の内容に合うように、英語の文を完成させましょう。グレーの部分はなぞり、 ⌐ ̄ ̄¬の中から正しい言葉を選び、□□に書きましょう。　　1問5点（15点）

(1)　This is my notebook.

It's _____.

(2)　Let's go to America.

You can _____.

(3)　Forest loss is a big problem.

We can _____.

```
from Italy              from France
eat hamburgers          see the Statue of Liberty
plant trees             save energy
```

8 日本文に合う英語の文になるように、グレーの部分はなぞり、□□に言葉を書きましょう。　　1問5点（10点）

(1)　わたしはイギリスに行きたいです。

I _____ to the U.K.

(2)　ゴリラは森で暮らしています。

Gorillas _____ forests.

3 音声の内容に合う絵を線で結びましょう。

 トラック145　1問完答5点（15点）

（1）

Paul

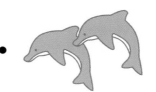 

（2）

Ken

（3）

Maria

4 音声の内容に合うように（　　）に日本語を書きましょう。

 トラック146　1問5点（10点）

（1）　ケンジは何を紹介していますか。　　　（　　　　　　　　　　）

（2）　（1）の生産国はどの州にありますか。　（　　　　　　　　　　）

⬆うらにも問題があります。

（切り取り線）

5 絵の内容に合う言葉を⬚⬚⬚の中から選び、☐に書きましょう。

1問5点（15点）

(1)

(2)

(3)

chicken　　sea　　whale

6 日本文に合う英語の文になるように、グレーの部分はなぞり、⬚⬚⬚の中から言葉を選び、☐に書きましょう。文の最初の文字は大文字で書きましょう。

1問5点（15点）

(1)　ゾウはどこで暮らしていますか。

do elephants live?

(2)　オーストラリアに行きましょう。

go to Australia.

(3)　ケニアはアフリカにあります。

Kenya is 　　　　 Africa.

let's　　where　　in

春のチャレンジテスト

教科書　72〜89ページ

名
前

月　　　　日

時間
40分

知識・技能　／50
思考・判断・表現　／50
合格80点　／100

答え18〜19ページ

知識・技能

1 音声の内容に合う絵を下から選び、（　　　）に記号を書きましょう。

🔊 トラック147　　1問4点（8点）

㋐　　　　　　　　　　㋑　　　　　　　　　　㋒

(1) （　　　　） (2) （　　　　）

2 会話の内容に合う絵を下から選び、（　　　）に記号を書きましょう。

🔊 トラック148　　1問4点（12点）

(1) ㋐　　　　　　　　　㋑　　　　　　　　　㋒

(2) ㋐　　　　　　　　　㋑　　　　　　　　　㋒

(3) ㋐　　　　　　　　　㋑　　　　　　　　　㋒

(1) （　　　　） (2) （　　　　） (3) （　　　　）

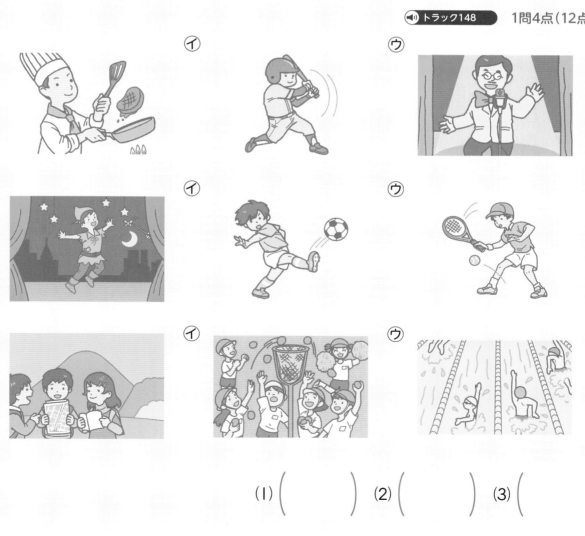

7 絵の内容に合うように、英語の文を完成させましょう。グレーの部分はなぞり、┄┄の中から正しい言葉を選び、□□に書きましょう。　　1問5点（15点）

(1) I want to _____.

(2) I want to join _____.

(3) My best memory is _____

be a teacher	be a singer
the brass band	the tennis team
our swimming meet	our sports day

8 日本文に合う英語の文になるように、グレーの部分はなぞり、□□に言葉を書きましょう。　　1問5点（10点）

(1) あなたは何になりたいですか。

What do you _____ ?

(2) わたしたちは踊るのを楽しみました。

We _____.

3 音声の内容に合う絵を、下のふきだし内の絵からすべて選び、〇で囲みましょう。

🔊 トラック149　　1つ5点（15点）

4 音声の内容に合うように〔　　〕に日本語を書きましょう。

🔊 トラック150　　1問5点（10点）

(1)　ルーカスはだれと京都に行きましたか。　　〔　　　　　　　　　　〕

(2)　ルーカスは京都で何をしましたか。　　　　〔　　　　　　　　　　〕

⤵うらにも問題があります。

5 絵の内容に合う言葉を ___ の中から選び、□ に書きましょう。

1問5点（15点）

(1)

(2)

(3)

```
pilot     chorus     doctor
```

6 日本文に合う英語の文になるように、グレーの部分はなぞり、___ の中から
言葉を選び、□ に書きましょう。

1問5点（15点）

(1) アイスクリームはどうでしたか。

How _____ the ice cream?

(2) わたしたちは水族館に行きました。

We _____ to the aquarium.

(3) わたしはプログラマーになりたいです。

I want to _____ a programmer.

```
be     went     was
```

知識・技能

1 音声の内容に合う絵を下から選び、（　　　　　）に記号を書きましょう。

🔊 トラック151　1問4点（8点）

⑦　

なし

⑦　

OOCINEMA

あり

⑰　

あり

(1) （　　　　　）　(2) （　　　　　）

2 会話の内容に合う絵を下から選び、（　　　　　）に記号を書きましょう。

🔊 トラック152　1問4点（12点）

(1) ⑦　　⑦　　⑰　

(2) ⑦　　⑦　　⑰　

(3) ⑦　　⑦　　⑰　

(1) （　　　　　）　(2) （　　　　　）　(3) （　　　　　）

（切り取り線）

7 絵の中の男の子になったつもりで、絵に合う英語になるよう、グレーの部分はなぞり、▦の中から正しい英語を選んで▢に書きましょう。　1問5点(15点)

（1）　What is your favorite memory of school?

It's the

（2）　I

（3）　It was

enjoyed acting　　　wonderful

drama festival　　　music festival

8 日本文に合うように、グレーの部分はなぞり、▢に英語を入れましょう。

1問5点(10点)

（1）　わたしは英語の先生になりたいです。

I want to

（2）　わたしは上手に泳ぐことができます。

I can

3 音声を聞き、それぞれが中学生になったらしたいことを結びましょう。

🔊 トラック153　1問5点（15点）

(1)
Sophie

(2)
Jiro

(3)
Sakura

4 下のグラフを見ながら女の子の発表を聞き、質問に日本語で答えましょう。

🔊 トラック154　1問5点（10点）

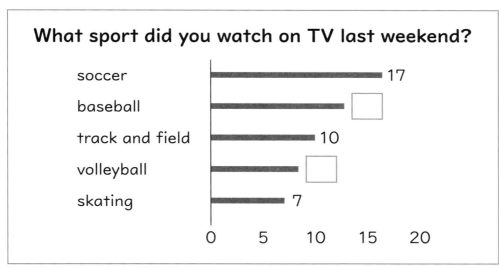

What sport did you watch on TV last weekend?

soccer 17
baseball
track and field 10
volleyball
skating 7

0　5　10　15　20

(1) 2位のbaseballは何人の生徒が見ましたか。　（　　　　　）

(2) 4位のvolleyballは何人の生徒が見ましたか。　（　　　　　）

↩うらにも問題があります。

5 絵を見て、その内容を示す英語を、┈┈┈の中から選んで□に書きましょう。

(1)

(2)

(3)

┌──┐
│   │
│   soccer   color   math   │
│   │
└──┘

6 日本文に合うように、グレーの部分はなぞり、┈┈┈の中から英語を選び、□に書きましょう。

(1) わたしはわたしたちの町に動物園がほしいです。

I _____ a _____ in our town.

(2) あなたはきのう何をしましたか。

What _____ you _____ yesterday?

(3) 〈(2)に答えて〉 わたしはきのう横浜に行きました。

I _____ to Yokohama yesterday.

┌──┐
│   did   zoo   want   went   do   │
└──┘

教科書ぴったりトレーニング
丸つけラクラク解答

この「丸つけラクラク解答」は
とりはずしてお使いください。

東京書籍版
英語6年

「丸つけラクラク解答」では問題と同じ紙面に、赤字で答えを書いています。

① 問題がとけたら、まずは答え合わせをしましょう。

② まちがえた問題やわからなかった問題は、てびきを読んだり、教科書を読み返したりしてもう一度見直しましょう。

おうちのかたへ では、次のようなものを示しています。

・学習のねらいやポイント
・他の学年や他の単元の学習内容とのつながり
・まちがいやすいことやつまずきやすいところ

お子様への説明や、学習内容の把握などにご活用ください。

見やすい答え

くわしいてびき

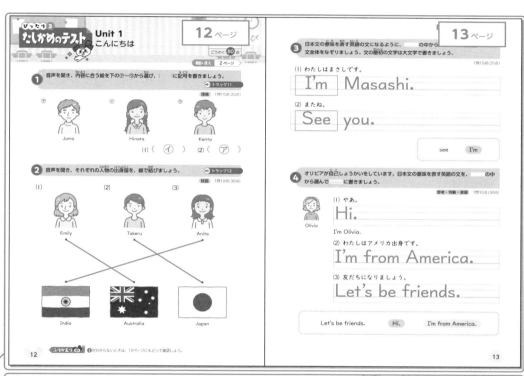

ぴったり3 たしかめのテスト Unit 1 こんにちは
12ページ

ごうかく80点

1 音声を聞き、内容に合う絵を下の⑦〜⑦から選び、（　）に記号を書きましょう。
トラック11
技能　1問10点(20点)

Jomo　Hinata　Kenta

(1) (**イ**)　(2) (**ア**)

2 音声を聞き、それぞれの人物の出身国を、線で結びましょう。
トラック12
技能　1問10点(30点)

Emily　Takeru　Anita

India　Australia　Japan

12　ふりかえり ❷ が分からないときは、10ページにもどって確認しよう。

13ページ

3 日本文の意味を表す英語の文になるように、　の中から文全体をなぞりましょう。文の最初の文字は大文字で書きましょう。
1問10点(20点)

(1) わたしはまさしです。
I'm Masashi.

(2) またね。
See you.

see　I'm

4 オリビアが自己しょうかいをしています。日本文の意味を表す英語の文を、　の中から選んで　に書きましょう。
思考・判断・表現　1問10点(30点)

Olivia

(1) やあ。
Hi.
I'm Olivia.

(2) わたしはアメリカ出身です。
I'm from America.

(3) 友だちになりましょう。
Let's be friends.

Let's be friends.　Hi.　I'm from America.

13

❶ Hello.(こんにちは。)やHi.(やあ。)というあいさつのあとに、I'm 〜.(わたしは〜です。)と名前が読まれます。I'mのあとの名前に注意して聞き取りましょう。

❷ I'm from 〜.(わたしは〜出身です。)と出身国を伝える英語が読まれます。fromのあとの国を表す言葉に注意して聞き取りましょう。

❸ 名前を伝える表現と、別れのあいさつを練習しましょう。See you.(またね。)は人と別れるときに使うあいさつです。

❹ 自己しょうかいをするときは、はじめにあいさつをして、名前や出身国を伝えます。最後にLet's be friends.(友だちになりましょう。)などと言うのもよいでしょう。

読まれる英語
1 (1)Hello! I'm Hinata.
(2)Hi. I'm Jomo.
2 (1)I'm Emily. I'm from Australia.
(2)I'm Takeru. I'm from Japan.
(3)Hello. I'm Anita. I'm from India.

おうちのかたへ
このユニットではあいさつや自分の名前と出身国の伝え方を練習しました。日常生活でお子さまとHi.やSee you.などのあいさつを交わしたり、簡単な自己紹介をしあったりして、英語に触れる時間をとってみてください。

読まれる英語

おうちのかたへ

2

※紙面はイメージです。

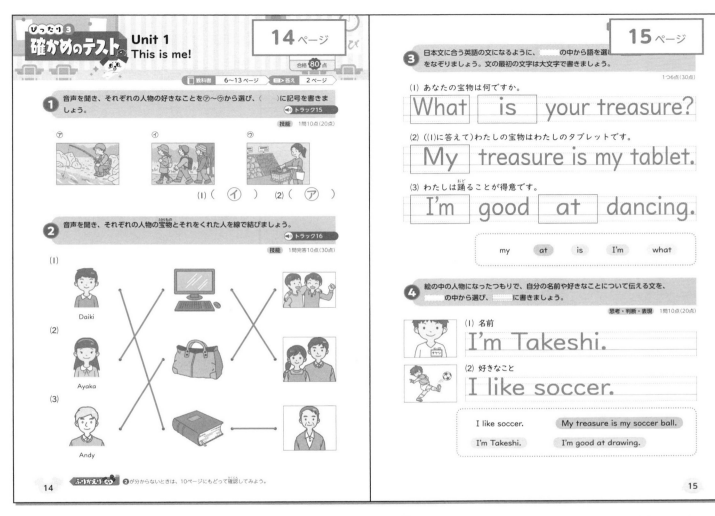

Unit 1
This is me!

確かめのテスト

教科書 6〜13ページ 答え 2ページ 合格 80点

1 音声を聞き、それぞれの人物の好きなことを⑦〜⑤から選び、（　）に記号を書きましょう。

トラック15

技能　1問10点(20点)

(1) （ イ ）　　(2) （ ア ）

2 音声を聞き、それぞれの人物の宝物とそれをくれた人を線で結びましょう。

トラック16

技能　1問完答10点(30点)

(1) Daiki

(2) Ayaka

(3) Andy

ふりかえり　❷が分からないときは、10ページにもどって確認してみよう。

14

---

3 日本文に合う英語の文になるように、　　　の中から語を選んでなぞりましょう。文の最初の文字は大文字で書きましょう。

1つ6点(30点)

(1) あなたの宝物は何ですか。

What is your treasure?

(2) ((1)に答えて)わたしの宝物はわたしのタブレットです。

My treasure is my tablet.

(3) わたしは踊ることが得意です。

I'm good at dancing.

| my | at | is | I'm | what |

4 絵の中の人物になったつもりで、自分の名前や好きなことについて伝える文を、　　　の中から選び、　　　に書きましょう。

思考・判断・表現　1問10点(20点)

(1) 名前

I'm Takeshi.

(2) 好きなこと

I like soccer.

| I like soccer. | My treasure is my soccer ball. |
| I'm Takeshi. | I'm good at drawing. |

15

読まれる英語

1 (1) I like hiking.
(2) I like fishing.

2 (1) Hello, I'm Daiki. My treasure is my book. It's from my grandfather.
(2) Hi, I'm Ayaka. My treasure is my computer. It's from my parents.
(3) Hello, I'm Andy. My treasure is my bag. It's from my friends.

🏠 おうちのかたへ

このユニットでは、自分の名前や好きなもの・こと、得意なことや宝物を伝える表現を練習しました。日常でもWhat is your treasure?を使って、お子様に宝物を聞いてみてください。
(例) What is your treasure?
　― My treasure is my soccer ball.

---

1 I likeに続く言葉に注意して聞きましょう。⑤の絵はshopping(買い物)を表しています。

2 自分の宝物を紹介するときはMy treasure is ～.で表します。fromは「～から」という意味を表します。宝物がだれからのものなのかを表すのに使われています。

3 (1)「～は何ですか。」はWhat is ～?で表します。
(2)「わたしの」はmyで表します。文の最初は大文字です。
(3)「わたしは～が得意です。」はI'm good at ～.で表します。

4 (1)自分の名前を言うときは、I'm ～.で表します。
(2)自分の好きなもの・ことを言うときは、I like ～.で表します。

2

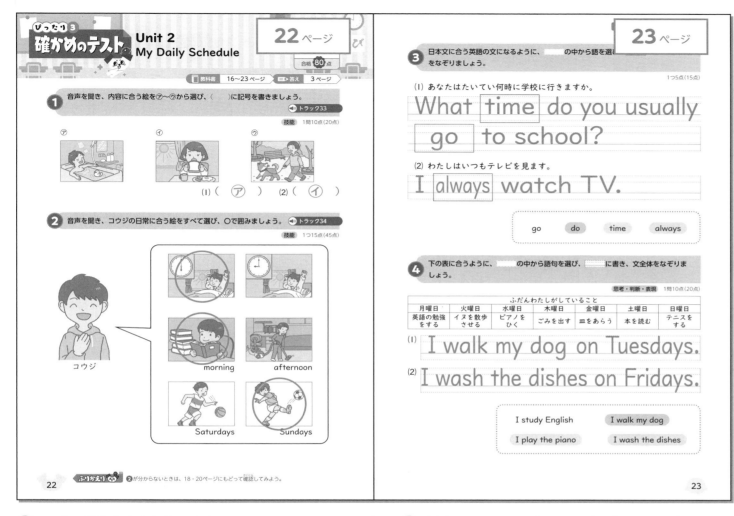

ぴったり3
確かめのテスト

Unit 2
My Daily Schedule

22 ページ

合格 80点

教科書 16〜23ページ　答え 3ページ

① 音声を聞き、内容に合う絵を⑦〜⑦から選び、（　）に記号を書きましょう。　トラック33

技能　1つ10点(20点)

⑦　　　⑦　　　⑦

(1)（　⑦　）　　(2)（　⑦　）

② 音声を聞き、コウジの日常に合う絵をすべて選び、〇で囲みましょう。　トラック34

技能　1つ15点(45点)

コウジ

morning　　afternoon

Saturdays　　Sundays

ふりかえり　②が分からないときは、18・20ページにもどって確認してみよう。

22

---

23 ページ

③ 日本文に合う英語の文になるように、　　の中から語を選び、
をなぞりましょう。

1つ5点(15点)

(1) あなたはたいてい何時に学校に行きますか。

What time do you usually
go to school?

(2) わたしはいつもテレビを見ます。

I always watch TV.

go　　do　　time　　always

④ 下の表に合うように、　　の中から語句を選び、　　に書き、文全体をなぞりましょう。

思考・判断・表現　1問10点(20点)

ふだんわたしがしていること

月曜日	火曜日	水曜日	木曜日	金曜日	土曜日	日曜日
英語の勉強をする	イヌを散歩させる	ピアノをひく	ごみを出す	皿をあらう	本を読む	テニスをする

(1) I walk my dog on Tuesdays.

(2) I wash the dishes on Fridays.

I study English　　I walk my dog

I play the piano　　I wash the dishes

23

---

① (1) I take a bath at 8 p.m.

(2) I usually have breakfast.

② Hello, I'm Koji. I get up at 6 a.m. I usually read books in the morning. I usually play soccer on Sundays.

おうちのかたへ

このユニットでは、ふだんすることをたずねる／答える表現を学びました。日常でも「何時にするのか」を英語でたずねてみてください。

(例) What time do you do your homework?
　　　— I do my homework at 5 p.m.

---

① 日常の動作を表す言葉に注意しましょう。

② 時刻や時間帯、曜日を表す言葉に注意しましょう。
(例) at 6 a.m.(午前6時に)、in the morning(朝に、午前に)、on Sundays(日曜日に)

③ (1)「何時に〜しますか。」はWhat time 〜?を、「学校に行く」はgo to schoolを使って表します。
(2)「いつも」はalwaysを使います。

④ (1)表から、火曜日(Tuesday)は「イヌを散歩させる」ので、I walk my dog(わたしはイヌを散歩させます)を選びます。

(2)表から、金曜日(Friday)は「皿をあらう」ので、I wash the dishes(わたしは皿をあらいます)を選びます。

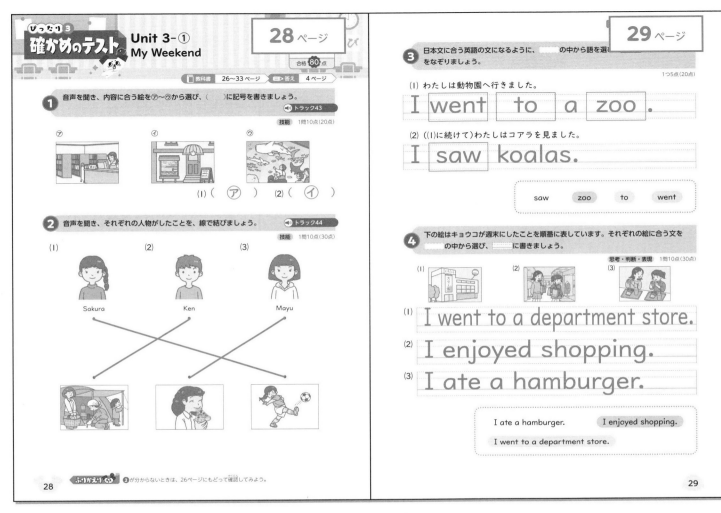

Unit 3-① My Weekend

28ページ

教科書 26〜33ページ ➡答え 4ページ

合格 80点

1 音声を聞き、内容に合う絵を⑦〜⑦から選び、（　）に記号を書きましょう。
◆トラック43
技能 1問10点(20点)

(1) （ ⑦ ）　(2) （ ⑦ ）

2 音声を聞き、それぞれの人物がしたことを、線で結びましょう。
◆トラック44
技能 1問10点(30点)

(1) Sakura　(2) Ken　(3) Mayu

3 日本文に合う英語の文になるように、　　の中から語を選び　　をなぞりましょう。
1つ5点(20点)

(1) わたしは動物園へ行きました。

I went to a zoo.

(2) ((1)に続けて)わたしはコアラを見ました。

I saw koalas.

saw　zoo　to　went

4 下の絵はキョウコが週末にしたことを順番に表しています。それぞれの絵に合う文を　　の中から選び、　　に書きましょう。
思考・判断・表現 1問10点(30点)

(1) I went to a department store.

(2) I enjoyed shopping.

(3) I ate a hamburger.

I ate a hamburger.　I enjoyed shopping.

I went to a department store.

29ページ

ふりかえり ❷が分からないときは、26ページにもどって確認してみよう。

28　29

読まれる英語

1 (1)I went to a library.

(2)I went to a restaurant.

2 (1)Hello, I'm Sakura. I played soccer.

(2)Hi, I'm Ken. I enjoyed camping.

(3)Hello, everyone. I'm Mayu. I ate pizza.

おうちのかたへ

このユニットでは、過去に行った場所やしたことを伝える表現を練習しました。I went to 〜.(私は〜へ行きました。)などに対して、Sounds good!(楽しそうだね！)などを使って感想を伝えてみてください。

1 I went to に続く場所を表す言葉に注意して聞きましょう。

2 played や enjoyed、ate は過去にしたことを表しています。

3 (1)「〜へ行きました」は went to 〜、「動物園」は zoo で表します。

(2)「見ました」は saw で表します。

4 (1)絵は department store(デパート)です。

(2)絵より、買い物を楽しんだことが分かるので、I enjoyed shopping.(わたしは買い物を楽しみました。)を選んで書きます。

(3)絵より、ハンバーガーを食べたことが分かるので、I ate a hamburger.(わたしはハンバーガーを食べました。)を選んで書きます。

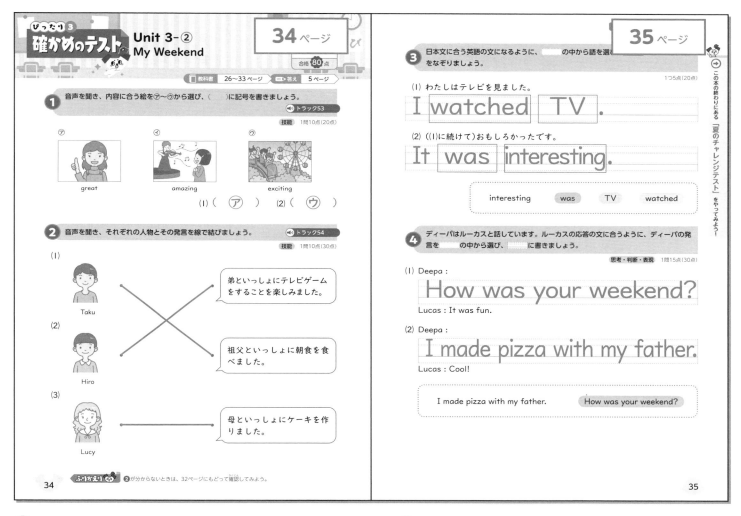

1 (1)A: How was your weekend?
B: It was great.
(2)A: How was your weekend?
B: It was exciting.

2 (1)Hi, I'm Taku. I had breakfast with my grandfather. It was good.
(2)Hi, I'm Hiro. I enjoyed playing video games with my brother. It was exciting.
(3)Hello, everyone. I'm Lucy. I made a cake with my mother.

おうちのかたへ

このユニットでは、週末の感想や過去にしたことを伝える表現を練習しました。howを使って、過去のできごとの感想をたずねてみてください。
(例)How was your school today?
— It was great.

4 (1)ルーカスは「楽しかったです。」とwasを使って答えています。過去のできごとの感想をたずねるときはHow was ～?を使います。
(2)ルーカスは「いいですね！」と応答しています。
I made pizza with my father.は「わたしは父といっしょにピザを作りました。」という意味です。

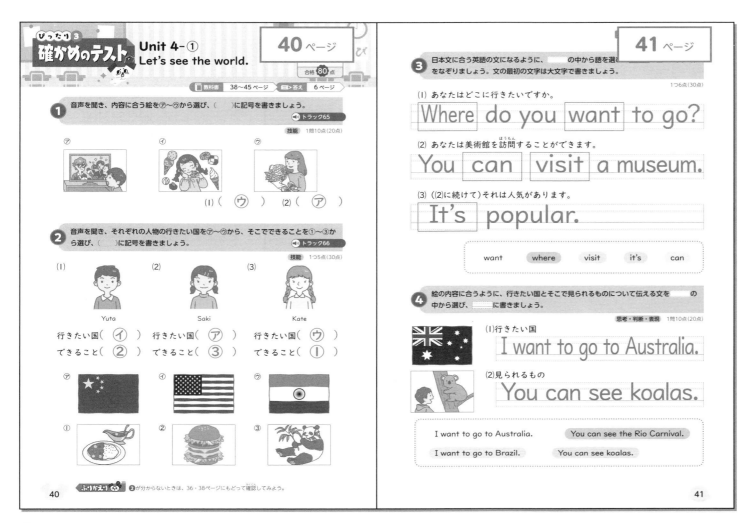

40 ページ

41 ページ

読まれる英語

1. (1) It's beautiful.
   (2) It's famous.
2. (1) A: Where do you want to go, Yuta?
      B: I want to go to America. You can eat hamburgers.
   (2) A: Where do you want to go, Saki?
      B: I want to go to China. You can see pandas.
   (3) A: Where do you want to go, Kate?
      B: I want to go to India. You can eat curry.

おうちのかたへ

このユニットでは、行きたい国をたずねる／答える表現を学びました。日常でも行ってみたい国や場所を英語でたずねてみてください。
(例) Where do you want to go?
　　— I want to go to India.

① beautifulは「美しい」、famousは「有名な」という意味です。

② 「国名」と「そこでできること」に注意して聞き取りましょう。

③ (1)「あなたはどこに行きたいですか。」はWhere do you want to go?で表します。
(2)「あなたは～を訪問することができます。」はYou can visit ～.で表します。

(3)「それは～です。」はIt's ～.で表します。

④ (1)行きたい国はI want to go to ～.で表します。絵から行きたい国はAustralia(オーストラリア)だと分かります。Brazilは「ブラジル」という意味です。
(2)見られるものはYou can see ～.で表します。絵から見られるものはkoalas(コアラ)だと分かります。the Rio Carnivalは「リオのカーニバル」という意味です。ブラジルで見られます。

1 (1) Japan is a nice country.
(2) Spain is a nice country.
(3) America is a nice country.

2 Let's go to China. You can see the Great Wall. You can eat mapo tofu. It's spicy.

おうちのかたへ

このユニットでは、行きたい国をたずねる／答える表現やそこでできることを伝える表現、Let's ～. と相手を誘う表現を学びました。できることを聞いたり、誘いを受けたりしたら、Sounds nice. などと応答してみてください。お子様が意欲的に発話するよい機会になります。

---

① 「国名」に注意して聞き取りましょう。日本語との発音のちがいにも注意しましょう。

② 「できること」に注意して聞き取りましょう。You canのあとにできることを表す英語が入ります。

③ (1)「わたしは～に行きたいです。」はI want to go to ～.、「エジプト」はEgyptで表します。
(2)「～はすてきな国です。」は～ is a nice country. で表します。

④ 行きたい国を紹介するときはLet's go to ～.で表すことができます。見られるものはYou can see ～.で表します。「色あざやか」はcolorfulで表します。

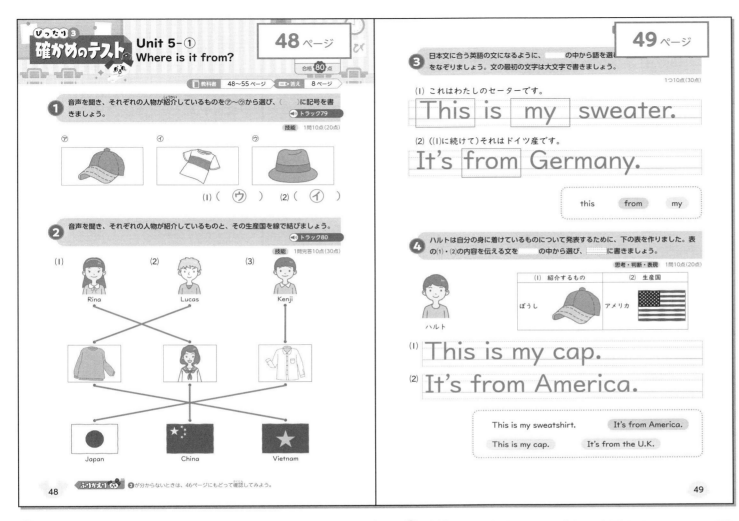

教科書 48〜55ページ ➡答え 8ページ
合格 80点

❶ 音声を聞き、それぞれの人物が紹介しているものを⑦〜⑦から選び、（ ）に記号を書きましょう。
🎧トラック79
技能 1問10点(20点)

⑦　⑦　⑦

(1) (ウ)　(2) (イ)

❷ 音声を聞き、それぞれの人物が紹介しているものと、その生産国を線で結びましょう。
🎧トラック80
技能 1問完答10点(30点)

(1) Rina　(2) Lucas　(3) Kenji

Japan　China　Vietnam

ふりかえり ❷が分からないときは、46ページにもどって確認してみよう。

48

❸ 日本文に合う英語の文になるように、　　の中から語を選び　をなぞりましょう。文の最初の文字は大文字で書きましょう。
1つ10点(30点)

(1) これはわたしのセーターです。

This is my sweater.

(2) ((1)に続けて)それはドイツ産です。

It's from Germany.

this　from　my

❹ ハルトは自分の身に着けているものについて発表するために、下の表を作りました。表の(1)・(2)の内容を伝える文を　　の中から選び、　　に書きましょう。
思考・判断・表現 1問10点(20点)

ハルト

(1) 紹介するもの	(2) 生産国
ぼうし	アメリカ

(1) This is my cap.

(2) It's from America.

This is my sweatshirt.　It's from America.
This is my cap.　It's from the U.K.

49

読まれる英語
❶ (1)This is my hat.
(2)This is my T-shirt.
❷ (1)Hi, I'm Rina. This is my uniform. It's from China.
(2)Hi, I'm Lucas. This is my sweatshirt. It's from Vietnam.
(3)Hello, I'm Kenji. This is my shirt. It's from Japan.

🏠 おうちのかたへ
このユニットでは、自分の身の回りのものとその生産国を伝える表現を学びました。日常でもWhere is your 〜 from?を使って、お子様に身の回りのものの生産国を聞いてみてください。
(例)Where is your sweatshirt from?
　　― It's from Thailand.

❶ hatは「(ふちのある)ぼうし」、T-shirtは「Tシャツ」という意味です。
❷ 「身の回りのもの」と「生産国」に注意して聞き取りましょう。生産国はfrom 〜(〜から)を使って表します。

❸ (1)「これはわたしの〜です。」はThis is my 〜. で表します。
(2)「それは〜産です。」はIt's from 〜.で表します。
❹ 表と選択肢の英文から、ぼうしとその生産国を紹介する文にすればよいと分かります。「(ふちのない)ぼうし」はcap、「アメリカ」はAmericaです。国を表す言葉は大文字で書き始めることに注意します。

8

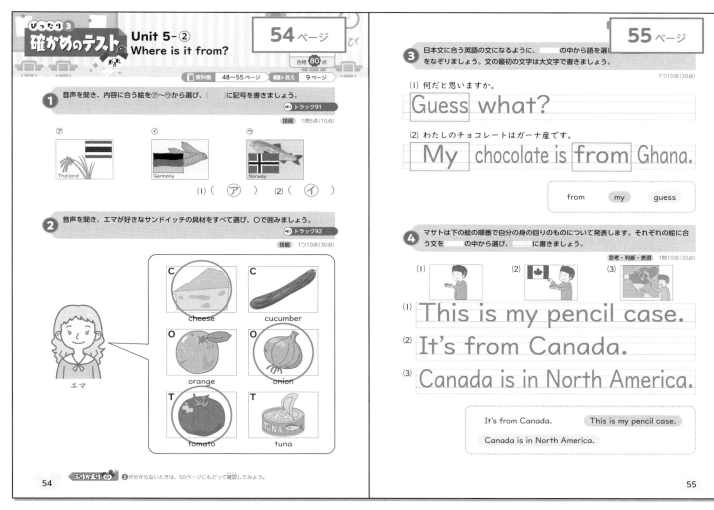

1 (1) My rice is from Thailand.
　(2) My sausage is from Germany.

2 I like a COT sandwich.　C is for cheese.
　O is for onion.　T is for tomato.

おうちのかたへ

このユニットでは、身の回りのものや略語を説明する表現を学びました。日常でもTell me about your ～.(私にあなたの～について教えてください。)を使って、お子様に好きな食べ物の食材の組み合わせを聞いてみてください。

(例) Tell me about your hamburger.
　　— My hamburger is a BLO hamburger.　B is for beef.　L is for lettuce.　O is for onion.

---

1 生産国に注意して聞き取りましょう。Thailandは「タイ」、Germanyは「ドイツ」という意味です。

2 C、O、Tがそれぞれどんな言葉の頭文字なのかに注意して聞き取りましょう。Cはcheese(チーズ)、Oはonion(タマネギ)、Tはtomato(トマト)を表していると言っています。

3 (1)「何だと思いますか。」はguess(推測する)を使ってGuess what?と言います。

(2) My ... is from ～.で、「わたしの…は～産です。」と伝えることができます。

4 (1)自分の持ち物を紹介するときはThis is my ～.と言います。

(3)国がある州や地域を言うときはinを使います。

教科書 60~67 ページ　答え 10 ページ

合格 80 点

1 音声を聞き、話題になっている生き物を表している絵を⑦～⑦から選び、（　）に記号を書きましょう。
トラック103
技能　1問10点(20点)

⑦　⑦　⑦

(1) (イ)　(2) (ウ)

2 音声を聞き、それぞれの人物が救いたい生き物を⑦～⑦から、その生き物の暮らす場所を①～③から選び、（　）に記号を書きましょう。
トラック104
技能　1つ5点(30点)

(1) Ryota
(2) Hana
(3) Nick

救いたい生き物 (ウ)　救いたい生き物 (ア)　救いたい生き物 (イ)
暮らす場所 (②)　暮らす場所 (③)　暮らす場所 (①)

⑦　⑦　⑦

①　②　③

ふりかえり　②が分からないときは、56・58ページにもどって確認してみよう。

60

3 日本文に合う英語の文になるように、　　の中から語を選びなぞりましょう。文の最初の文字は大文字で書きましょう。
61 ページ
1つ6点(30点)

(1) ウミガメはどこで暮らしていますか。

Where do sea turtles live ?

(2) ((1)に答えて)ウミガメは海で暮らしています。

Sea turtles live in the sea.

(3) パンダを救いましょう。

Let's save the pandas.

let's　where　live　in　save

4 絵の内容に合うように、救いたい生き物や生き物の暮らす場所について伝える文を、　　の中から選び、　　に書きましょう。
思考・判断・表現　1問10点(20点)

(1)救いたい生き物

Let's save the elephants.

(2)生き物の暮らす場所

Gorillas live in forests.

Let's save the butterflies.　Gorillas live in forests.
Let's save the elephants.　Lions live in the savanna.

61

読まれる英語

1 (1)A: Where do whales live?
B: Whales live in the sea.
(2)A: Where do tigers live?
B: Tigers live in forests.
2 (1)Hi, my name is Ryota. Let's save the penguins. Penguins live on the ice.
(2)Hi, I'm Hana. Let's save the coral reefs. Coral reefs live in the sea.
(3)Hello, I'm Nick. Let's save the giraffes. Giraffes live in the savanna.

おうちのかたへ
このユニットでは、生き物の暮らす場所をたずねたり、答えたりする表現を学びました。日常でもWhere do ～ live?を使って、お子様に生き物の暮らす場所を聞いてみてください。
(例)Where do kangaroos live?
　— Kangaroos live in forests.

1 whaleは「クジラ」、tigerは「トラ」という意味です。クジラ全体のことを言うときはwhales、トラ全体のことを言うときはtigersとなります。
2 生き物の暮らす場所を表す言葉に注意して聞き取りましょう。どこで暮らしているのかはlive in ～で表します。ただし、(1)のように「氷上で暮らしている」と言うときは、inではなくonを使います。

3 (1)「～はどこで暮らしていますか。」はWhere do ～ live?と言います。
(2)「海で」と言うときはin the seaを使います。
(3)「～を救いましょう。」はLet's save ～.で表します。
4 (1)は「～を救いましょう。」、(2)は「…は～で暮らしています。」という意味の文で伝えることができます。

10

びったり3
確かめのテスト

Unit 6-②
Save the animals.

64ページ

合格 80点

教科書 60〜67ページ　答え 11ページ

❶ 音声を聞き、話題になっている生き物を表している絵を⑦〜⑨から選び、（　）に記号を書きましょう。
トラック111

技能　1問10点(20点)

⑦　　　　⑦　　　　⑨

(1) （ ウ ）　(2) （ イ ）

❷ 音声を聞き、ミナミが話題にしている生き物やその生き物がかかえている問題、それを解決するためにみんなでできることを表している絵をすべて選び、〇で囲みましょう。
トラック112

技能　1つ10点(30点)

ミナミ

ふりかえり　❷が分からないときは、56・62ページにもどって確認してみよう。

64

❸ 日本文に合う英語の文になるように、　　の中から語を選び、　　をなぞりましょう。

65ページ

このページの終わりにある「冬のチャレンジテスト」をやってみよう！

1つ5点(20点)

(1) パンダはどこで暮らしていますか。

Where | do | pandas | live | ?

(2) わたしたちはエコバッグを使うことができます。

We | can | use | eco-friendly bags.

can　　do　　use　　live

❹ リナは森林で暮らす生き物について調べ、下の表を作って発表しました。表の内容をもとにリナが言ったと考えられる文を、　　の中から選び、　　に書きましょう。

思考・判断・表現　1問10点(30点)

救いたい生き物	その生き物がかかえている問題	解決策
(1) トラ	(2) 森林がなくなること	(3) 木を植える

リナ

(1) Let's save the tigers.

(2) Forest loss is a big problem.

(3) We can plant trees.

We can plant trees.　　Let's save the tigers.

Forest loss is a big problem.

65

読まれる英語

❶ (1)Let's save the birds.
(2)Let's save the butterflies.

❷ Coral reefs live in the sea. Global warming is a big problem. We can save energy.

おうちのかたへ

このユニットでは、生き物の暮らす場所をたずねたり答えたりする表現や、生き物がかかえている問題と自分たちにできることを伝える表現を学びました。日常でも、ある生き物がかかえている問題について、What can you do?でお子様に解決策を聞いてみてください。
(例)What can you do?
　　― We can buy eco-friendly clothes.

❶ birdは「鳥」、butterflyは「チョウ」という意味です。鳥全体のことを言うときはbirds、チョウ全体のことを言うときはbutterfliesとなります。

❷ 生き物がかかえている問題とみんなでできることに注意して聞き取りましょう。生き物がかかえている問題を「〜は大きな問題です。」と言うときは、〜 is a big problem.を使います。みんなでできることはWe can 〜.で表します。

❸ (1)「〜はどこで暮らしていますか。」と言うときは、Where do 〜 live?を使います。
(2)「わたしたちは〜を使うことができます。」と言うときは、We can use 〜.と言います。

❹ 表から、(1)「トラを救いましょう。」、(2)「森林がなくなることは大きな問題です。」、(3)「わたしたちは木を植えることができます。」という意味の文を選びましょう。

11

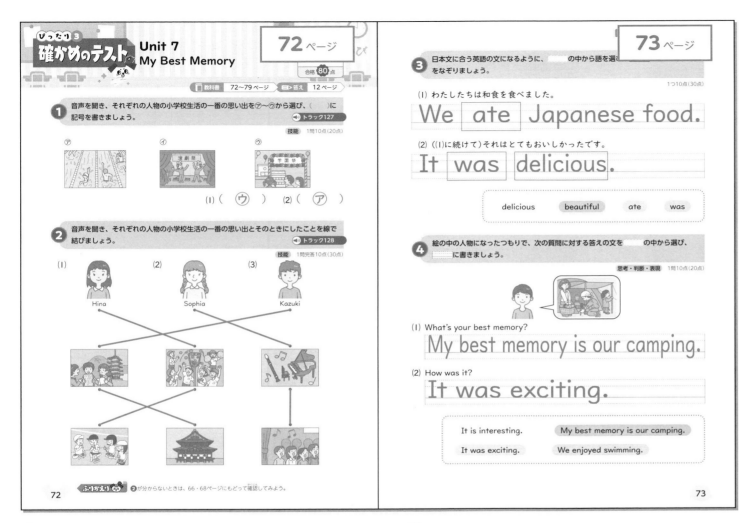

1 (1)My best memory is our school festival.
　(2)My best memory is our swimming meet.
2 (1)Hi, I'm Hina. My best memory is our sports day. We had lunch on the playground.
　(2)Hi, I'm Sophia. My best memory is our music festival. We enjoyed singing.
　(3)Hi, I'm Kazuki. My best memory is our school trip. We saw temples.

おうちのかたへ

このユニットでは、小学校生活での一番の思い出やそのことに関する感想をたずねたり答えたりする表現を学びました。日常でもWhat's your best memory? を使って、お子様に一番の思い出を聞いてみてください。
(例)What's your best memory?
　　 — My best memory is our camping. We made curry and rice.

① school festivalは「学園祭」、swimming meetは「水泳競技会」という意味です。

② 学校行事を表す言葉と過去にしたことを表す言葉に注意して聞き取りましょう。(1)had lunchは「昼食を食べた」、(2)enjoyed singingは「歌うことを楽しんだ」、(3)sawは「見た」という意味です。

③ (1)「食べました」はateで表します。
　(2)「～だった」という過去の感想なので、wasを使います。「とてもおいしい」はdeliciousです。

④ (1)「あなたの一番の思い出は何ですか。」という質問です。My best memory is ～.と答えます。
　(2)「それはどうでしたか。」という質問です。It was ～.と答えます。It is ～.は現在の感想や様子を表します。

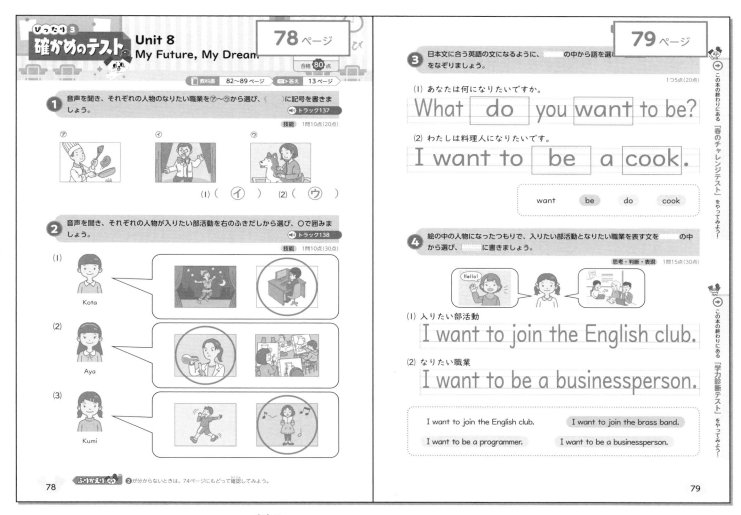

❶ (1)I want to be a comedian.

(2)I want to be a vet.

❷ (1)A: What club do you want to join, Kota?

B: I want to join the computer club. I like computer games.

(2)A: What club do you want to join, Aya?

B: I want to join the science club. I want to be a science teacher.

(3)A: What club do you want to join, Kumi?

B: I want to join the chorus. I can sing well.

おうちのかたへ

このユニットでは、中学校で入りたい部活動や将来の夢をたずねたり答えたりする表現を学びました。日常でもWhat do you want to be? を使って、お子様に将来の夢を聞いてみてください。

(例) What do you want to be?
　　— I want to be a doctor.

❶ comedianは「お笑い芸人」、vetは「獣医」という意味です。

❷ What club do you want to join?は、入りたい部活動をたずねる表現です。部活動を表す言葉に注意して聞き取ります。(1)のcomputer clubは「コンピューター部」、(2)のscience clubは「理科部」、(3)のchorusは「合唱部」という意味です。

❸ 「～になりたい」はwant to be ～で表します。「料理人」はcookです。

❹ 絵から(1)は「わたしは英語部に入りたいです。」、(2)は「わたしは実業家になりたいです。」という意味の文を選べばよいことが分かります。brass bandは「ブラスバンド部」、programmerは「プログラマー」という意味です。

1 (1)parents
(2)friends

2 (1)A: What time do you usually go to bed?
B: I usually go to bed at 10 p.m.
(2)A: What is your treasure?
B: My treasure is my book.
(3)A: How was your weekend?
B: It was exciting.

3 I went to the park. I enjoyed jump rope. I ate ice cream. It was delicious.

4 Hello, I'm Brian. I like sports. I'm good at playing volleyball. I go to the park on Saturdays. I play volleyball with my brother.

1 parentsは「両親」、friendsは「友達」という意味です。

2 (1)go to bedは「ねる」という意味を表します。
(2)My treasure isのあとに自分の宝物が続きます。
(3)週末の感想をたずねる質問に、It was exciting.と答えています。excitingは「わくわくさせる」という意味です。

3 「行った場所」、「楽しんだこと」、「食べたもの」に注意して聞き取りましょう。

4 (1)自分の得意なことはI'm good at 〜.で表します。atのあとに動作を表す言葉が続くときは、playing volleyball のようにingのついた形になります。注意しましょう。
(2)I go to the park on Saturdays.（わたしは土曜日に公園に行きます。）と言っています。

14

5 絵の内容に合う言葉を の中から選び、 に書きましょう。

1問5点(15点)

(1) morning
(2) bag
(3) saw

| bag | morning | saw |

6 日本文に合う英語の文になるように、グレーの部分はなぞり、 の中から言葉を選び、 に書きましょう。

1問5点(15点)

(1) わたしは泳ぐことが得意です。

I'm good at swimming.

(2) わたしはときどきイヌを散歩させます。

I sometimes walk my dog.

(3) それはわたしの母からです。

It's from my mother.

| from | at | sometimes |

7 絵の中の女の子になったつもりで、質問に答えましょう。グレーの部分はなぞり、 の中から正しい言葉を選び、 に書きましょう。

1問5点(15点)

(1) What is your treasure?

My treasure is my bike.

(2) What time do you study English?

I study English at 7 p.m.

(3) How was your weekend?

It was amazing.

my bike	my racket
at 7 a.m	at 7 p.m
was delicious	was amazing

8 日本文に合う英語の文になるように、グレーの部分はなぞり、 に言葉を書きましょう。文の最初の文字は大文字で書きましょう。

1問5点(10点)

(1) わたしはネコが好きです。

I like cats.

(2) わたしは動物園に行きました。

I went to a zoo.

---

5 「朝」はmorning、「かばん」はbag、「見た」はsawで表します。

6 (1)「わたしは〜が得意です。」はI'm good at 〜.で表します。swimmingはmを重ねることに注意しましょう。

(2)「わたしはときどき〜します。」はI sometimes 〜.で表します。「〜」に動作を表す言葉を続けます。

(3)身の回りのものについて、「それは〜からです。」と言うときは、It's from 〜.で表します。

7 (2)絵から女の子は午後7時に英語を勉強することがわかります。「午後〜時に」はat 〜 p.m.で表します。

8 (1)「わたしは〜が好きです。」はI like 〜.で表します。このとき、「ネコ」を表すcatの最後にsをつけてcatsとすることに注意しましょう。

(2)「わたしは〜に行きました。」はI went to 〜.で表します。toのあとに「動物園」を表すa zooを続けます。

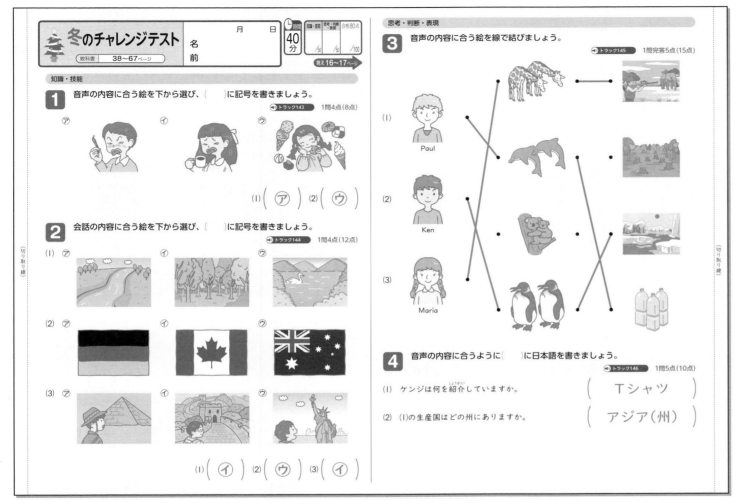

1 (1)spicy
(2)sweet

2 (1)A: Where do tigers live?
B: Tigers live in forests.
(2)A: This is my watch.
B: Where is it from?
A: It's from Australia.
(3)A: Where do you want to go?
B: I want to go to China.
A: You can see the Great Wall.

3 (1)I'm Paul. Let's save dolphins.
Dolphins live in the sea. Plastic is a
big problem.
(2)I'm Ken. Let's save penguins.
Penguins live on the ice. Global
warming is a big problem.
(3)I'm Maria. Let's save giraffes.
Giraffes live in the savanna. Hunting
is a big problem.

4 Hello, I'm Kenji. This is my T-shirt.
It's from Vietnam. Vietnam is in Asia.
Vietnam is a nice country. Thank you.

1 spicyは「からい」、sweetは「あまい」という意味です。
2 (1)Where ～?と場所をたずねる質問に、Tigers live in ～.で「トラは～で暮らしています。」とトラが暮らしている
場所を答えています。forestsは「森」という意味です。
(2)Where is it from?は物の生産国をたずねる表現です。ここでは、腕時計の生産国をたずねています。
(3)You can ～.でできることを表します。see the Great Wallは「万里の長城を見る」という意味です。
3 それぞれの人物の、救いたい生き物とその生き物がかかえている問題に注意して聞き取りましょう。
4 (1)This is my T-shirt.から考えます。
(2)Vietnam is in Asia.から考えます。Asiaは「アジア」という意味です。

5 絵の内容に合う言葉を　　　　の中から選び、　　　に書きましょう。

1問5点 (15点)

(1) (2) (3)

chicken　　whale　　sea

chicken　sea　whale

6 日本文に合う英語の文になるように、グレーの部分はなぞり、　　　の中から言葉を選び、　　　に書きましょう。文の最初の文字は大文字で書きましょう。

1問5点 (15点)

(1) ゾウはどこで暮らしていますか。

Where do elephants live?

(2) オーストラリアに行きましょう。

Let's go to Australia.

(3) ケニアはアフリカにあります。

Kenya is　in　Africa.

let's　where　in

7 絵の内容に合うように、英語の文を完成させましょう。グレーの部分はなぞり、　　　の中から正しい言葉を選び、　　　に書きましょう。

1問5点 (15点)

(1) This is my notebook.

It's　from France　.

(2) Let's go to America.

You can see the Statue of Liberty.

(3) Forest loss is a big problem.

We can plant trees.

from Italy	from France
eat hamburgers	see the Statue of Liberty
plant trees	save energy

8 日本文に合う英語の文になるように、グレーの部分はなぞり、　　　に言葉を書きましょう。

1問5点 (10点)

(1) わたしはイギリスに行きたいです。

I want to go to the U.K.

(2) ゴリラは森で暮らしています。

Gorillas live in forests.

5 「とり肉」はchicken、「クジラ」はwhale、「海」はseaで表します。

6 (1)「〜はどこで暮らしていますか。」はWhere do 〜 live?で表します。

(2)「〜しましょう。」はLet's 〜. で表します。「〜」には動作を表す言葉を続けます。

(3)国について、「〜にあります」と言うときは、is in 〜で表します。

7 (3)Forest loss is a big problem.は「森林がなくなることは大きな問題です。」という意味です。絵で、男の人が木を植えているので、plant trees(木を植える)を選んで書きます。

8 (1)「わたしは〜したいです。」はI want to 〜.で表します。toのあとに「〜に行く」を表すgo to 〜を続けます。

(2)「〜で暮らしている」はlive in 〜で表します。inのあとに暮らしている場所であるforestsを続けます。

1 (1)saw

(2)ate

2 (1)A: What do you want to be?

B: I want to be a cook.

(2)A: What club do you want to join?

B: I want to join the soccer team.

(3)A: What's your best memory?

B: My best memory is our field trip.

3 My best memory is our school trip. We went to Tokyo. We saw pandas in the zoo. I like pandas. I want to be a zookeeper.

4 Hello, I'm Lucas. I like Japan. I went to Kyoto with my friends. I saw temples in Kyoto. It was fun.

---

1 sawは「見た」、ateは「食べた」という意味です。どちらもすでにした動作を表します。

2 (1)What do you want to be?(あなたは何になりたいですか。)という質問に、I want to be ～.で「わたしは～になりたいです。」と答えています。cookは「コック、料理人」という意味です。

(2)I want to join ～.は入りたい部活動を伝える表現です。soccer teamは「サッカー部」という意味です。

(3)My best memory is ～.で一番の思い出を答えています。field tripは「遠足、社会科見学」という意味です。

3 「一番の思い出」、「見たもの」、「なりたい職業」に注意して聞き取りましょう。

4 (1)I went to Kyoto with my friends.から考えます。with ～は「～と(いっしょに)」という意味です。

(2)I saw temples in Kyoto.から考えます。sawは「見た」、templesは「寺」という意味です。

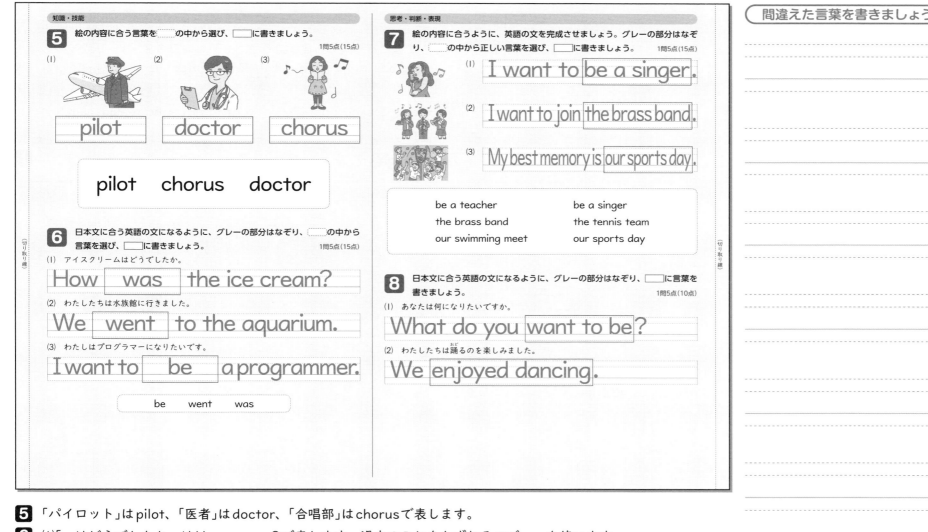

5 絵の内容に合う言葉を □ の中から選び、□ に書きましょう。
1問5点(15点)

(1) pilot
(2) doctor
(3) chorus

pilot　chorus　doctor

6 日本文に合う英語の文になるように、グレーの部分はなぞり、□ の中から言葉を選び、□ に書きましょう。
1問5点(15点)

(1) アイスクリームはどうでしたか。
How was the ice cream?

(2) わたしたちは水族館に行きました。
We went to the aquarium.

(3) わたしはプログラマーになりたいです。
I want to be a programmer.

be　went　was

7 絵の内容に合うように、英語の文を完成させましょう。グレーの部分はなぞり、□ の中から正しい言葉を選び、□ に書きましょう。
1問5点(15点)

(1) I want to be a singer.
(2) I want to join the brass band.
(3) My best memory is our sports day.

be a teacher　　　be a singer
the brass band　　the tennis team
our swimming meet　our sports day

8 日本文に合う英語の文になるように、グレーの部分はなぞり、□ に言葉を書きましょう。
1問5点(10点)

(1) あなたは何になりたいですか。
What do you want to be?

(2) わたしたちは踊るのを楽しみました。
We enjoyed dancing.

5 「パイロット」はpilot、「医者」はdoctor、「合唱部」はchorusで表します。

6 (1)「～はどうでしたか。」はHow was ～?で表します。過去のことをたずねるのでwasを使います。

(2)「～に行きました」はwent to ～で表します。「～」には場所を表す言葉を続けます。

(3)「わたしは～になりたいです。」と言うときは、I want to be ～.で表します。

7 (2)絵の内容から「ブラスバンド部」に入りたいという文を書きます。「ブラスバンド部」はbrass bandで表します。

8 (1)「あなたは何になりたいですか。」はWhat do you want to be?で表します。

(2)「わたしたちは～を楽しみました。」はWe enjoyed ～.で表します。enjoyedのあとに動作を表す言葉が続くときは、その言葉にingをつけます。

19

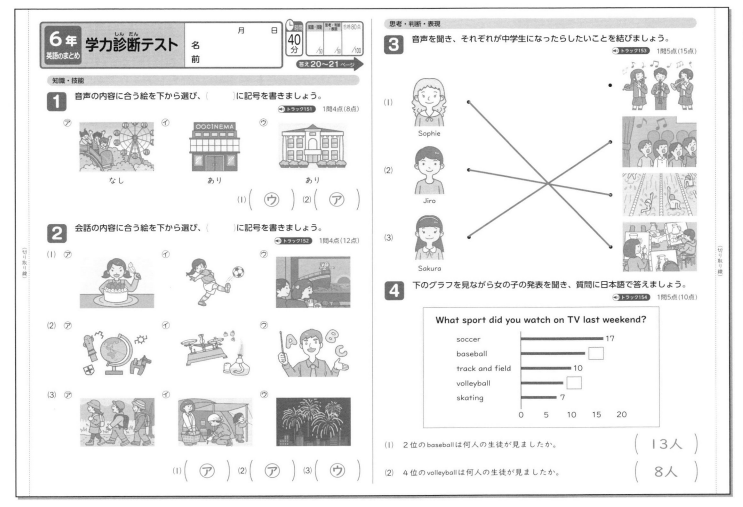

6年 英語のまとめ **学力診断テスト**

月　日

名前

時間 40分

知・技 /50　思・判・表 /50　合格80点 /100

答え20〜21ページ

知識・技能

1 音声の内容に合う絵を下から選び、（　）に記号を書きましょう。

トラック151　1問4点(8点)

㋐ なし　㋑ あり　㋒ あり

(1)（ ㋒ ）(2)（ ㋐ ）

2 会話の内容に合う絵を下から選び、（　）に記号を書きましょう。

トラック152　1問4点(12点)

(1) ㋐　㋑　㋒

(2) ㋐　㋑　㋒

(3) ㋐　㋑　㋒

(1)（ ㋐ ）(2)（ ㋐ ）(3)（ ㋒ ）

思考・判断・表現

3 音声を聞き、それぞれが中学生になったらしたいことを結びましょう。

トラック153　1問5点(15点)

(1) Sophie

(2) Jiro

(3) Sakura

4 下のグラフを見ながら女の子の発表を聞き、質問に日本語で答えましょう。

トラック154　1問5点(10点)

What sport did you watch on TV last weekend?

soccer	17
baseball	□
track and field	10
volleyball	□
skating	7

0　5　10　15　20

(1) 2位のbaseballは何人の生徒が見ましたか。（ 13人 ）

(2) 4位のvolleyballは何人の生徒が見ましたか。（ 8人 ）

1 (1) art museumは「美術館」です。We have 〜 in our town.で、「自分たちの町には〜がある。」と言っているのですね。

(2) amusement parkは「遊園地」です。We don't have 〜 in our town.で、「自分たちの町には〜がない。」と言っています。

4 男の子はI asked the students in this class, "What sport did you watch on TV last weekend?"「このクラスの生徒たちに『あなたは先週末にテレビで何のスポーツを見ましたか。』と聞いた。」と言っています。

1 (1) We have an art museum in our town.

(2) We don't have an amusement park in our town.

2 (1)A: What did you do last weekend?

B: I made a cake for my family last Saturday. It was delicious.

(2)A: What's your favorite subject?

B: My favorite subject is social studies. It's interesting.

(3)A: How was your summer vacation?

B: It was wonderful! I saw fireworks.

3 (1) I'm Sophie. I want to join the art club in junior high school. I like drawing very much.

(2) My name is Jiro. I want to join the swimming team in junior high school. I can swim fast.

(3) I'm Sakura. I want to join the chorus in junior high school. I'm good at singing.

4 Look at this graph. I asked the students in this class, "What sport did you watch on TV last weekend?" No. 1 is soccer. 17 students watched it. No. 2 is baseball. 13 students watched it. No. 3 is track and field. 10 students watched it. No. 4 is volleyball. 8 students watched it. No. 5 is skating. 7 students watched it.

5 (1) math「算数」　(2) soccer「サッカー」　(3) color「色」

6 (1) 「～がほしいです」は、I want ～.で表しましょう。

(3) 「わたしは～に行きました。」は、I went to ～.で表しましょう。

7 (1) What is your favorite memory of school?(あなたのいちばんの学校の思い出は何ですか。)と質問されています。絵の内容から、「演劇祭」を表すdrama festivalを選びましょう。

(3) 感想を表す英語のwonderfulを使って、「それはすばらしかったです」という文をつくりましょう。

8 (2) 「上手に泳ぐ」は、swim wellで表しましょう。

メモ

メモ